流利说话我最棒

言语流利度训练

韩雪峰 胡雪婵◎著

贾飞勇◎审定

光明日报出版社

图书在版编目（CIP）数据

流利说话我最棒：言语流利度训练/韩雪峰，胡雪婵著. -- 北京：光明日报出版社，2024.6. -- ISBN 978-7-5194-8041-7

Ⅰ.H193.2

中国国家版本馆 CIP 数据核字第 2024VE2267 号

流利说话我最棒：言语流利度训练
LIULI SHUOHUA WO ZUIBANG：YANYU LIULI DU XUNLIAN

著　　者：韩雪峰　胡雪婵	
责任编辑：刘兴华	责任校对：宋　悦　温美静
封面设计：中联华文	责任印制：曹　净
审　　定：贾飞勇	

出版发行：光明日报出版社
地　　址：北京市西城区永安路 106 号，100050
电　　话：010-63169890（咨询），010-63131930（邮购）
传　　真：010-63131930
网　　址：http://book.gmw.cn
E – mail：gmrbcbs@gmw.cn
法律顾问：北京市兰台律师事务所龚柳方律师

印　　刷：三河市华东印刷有限公司
装　　订：三河市华东印刷有限公司
本书如有破损、缺页、装订错误，请与本社联系调换，电话：010-63131930

开　　本：170mm×240mm	
字　　数：162 千字	印　　张：11
版　　次：2024 年 6 月第 1 版	印　　次：2024 年 6 月第 1 次印刷
书　　号：ISBN 978-7-5194-8041-7	
定　　价：68.00 元	

版权所有　　翻印必究

内容简介

口吃（俗称"结巴""磕巴"）是一种与正常流利的言语行为在频率和强度上不同，非自愿的重复（语音，音节，单词或短语）、停顿、拖长打断的现象。它也包括言语前的反常犹豫或停顿（被口吃者称为"语塞"）和某些语音（通常为元音）的拖长。口吃的许多表现不能被他人观察到，这包括对特定音素（通常为辅音）、字和词的恐惧，对特定情景的恐惧、焦虑、紧张、害羞和言语中"失控"的感觉。口吃牵涉到遗传、神经生理发育、家庭和社会等诸多方面，是非常复杂的语言失调症。

相关调查研究表明，全球口吃患病率为1%，我国约有1300万口吃患者，其中青少年的患病率为2%左右，儿童口吃的患病率更高，约为5%，尤其在7岁组儿童中的患病率最高。口吃开始的年龄平均为3岁，少数发病于6岁后。2~6岁是口吃的高发期，其中65%~80%的儿童会自愈，男生比女生自愈率高。在同一地区，口吃在成年人中的发病率约为1%，口吃患者80%为男性，男女性别比为3.9∶1。

国内关于普通话口吃治疗的研究很少，特别是对成年人的口吃治疗。在中国，传统的口吃治疗方法有针灸治疗、心理治疗、言语治疗等。但针灸治疗只能对口吃治疗起到辅助作用，不能根治口吃。而心理治疗具有较大的时间限制，时间一长，心理暗示减弱，治疗效果便会大幅度削弱。言语治疗方面，台湾有研究使用间接教育家长和直接治疗口吃儿童的方式，结果减少了大部分说普通话的学龄前口吃儿童的语言不流利现象，对儿童口吃治疗具有极其高效的作用，但普及度不高，需要进一步推广与普及。口吃的发病机制和内在原因尚不明确，到目前为止，口吃仍被认为是医学领域最特殊、最奇怪的疾病之一，严重影响患者的社会交流，降低患者的生活质量。因此，研究口吃发生的相关因素及有效的治疗方法具有重要意义。

流利度方案纲要旨在对口吃现象进行矫正和治疗。本矫治方案基于国内外大量相关研究，旨在通过发音法、呼吸法、随读法等方法引导患者在精听、跟读示范文本的过程中进行均匀的节拍训练、语速训练、呼吸和发音的协调训练，从而掌握正确的发音规则，逐步恢复言语的自然状态。

本矫治方案的范读文本与各学段《义务教育语文课程标准》（2022年版）完全对接，从单音训练（声韵母）、单语训练、语句训练、节奏训练四方面引导患者放慢语速，掌握轻柔发音，运用气流以及形成说话的节律和韵律等技术，搭建发音法、呼吸法、变读法、挪位法、手指法和写诵法、随读法、拖音法与带白法、互助和情境矫治法八大专项训练板块，配以专项游戏及适配的文字内容进行训练，提升儿童的训练积极性，从生理、心理两个层面进行言语治疗。

目　录
CONTENTS

第一章　舌根音和舌尖中音的训练…………………………………………… 1

第二章　舌尖后音的训练……………………………………………………… 10

第三章　舌面音的训练………………………………………………………… 18

第四章　舌尖前音的训练……………………………………………………… 26

第五章　唇音和齿音的训练…………………………………………………… 32

第六章　前鼻音和后鼻音的训练……………………………………………… 38

第七章　送气音和不送气音的训练…………………………………………… 46

第八章　单音素的训练………………………………………………………… 53

第九章　语句的训练…………………………………………………………… 62

第十章　语篇的训练…………………………………………………………… 67

第十一章　节奏的训练………………………………………………………… 75

第十二章　声韵复沓的训练……………………………………………81

第十三章　呼吸法………………………………………………………87

第十四章　变读法………………………………………………………93

第十五章　挪位法………………………………………………………97

第十六章　手指法和写诵法……………………………………………104

第十七章　随读法………………………………………………………113

第十八章　拖音法与带白法……………………………………………129

第十九章　互助矫治法和情境矫治法…………………………………137

第二十章　矫治法的综合应用及示例…………………………………160

后　　记…………………………………………………………………167

第一章　舌根音和舌尖中音的训练

一、发音法（舌根音和舌尖中音）的原理

在造成儿童口吃的众多原因中，错误的发音方法是最主要的，所以我们在对儿童进行口吃矫治时，需要教会错误发音的儿童怎样正确地发音。

发音法，首先，要改正患者原有的错误发音习惯，大多数口吃患者都存在发音过重、过急、过快的问题。要不就是说话用的力气很大，导致发出的声音很响；要不就是内心急切，想把一句话赶快说完；抑或是说话的速度过快，导致肺部呼出的气很快就不够用了。发音法采取的应对要领就是，带领患者轻柔、缓和地进行发音，减缓患者说话的速度，让患者逐渐改正一口气冲出句子、发音又重又急又快的不良习惯。

其次，还需要对口吃患者进行难发字词的训练。说话是由各个发音器官、大小脑以及身体上各种肌肉一同配合而完成的。虽然在说话时，我们只能看到嘴部动作，但是发音动作其实是由唇、齿、舌等共同配合运动完成的，而大多数口吃患者在唇、齿、舌等方面，或多或少都会出现难发音的现象。在唇、齿、舌中，最重要的就是舌的位置变换，为了训练舌部，使儿童言语流利度提升，我们本章选择舌根音和舌尖中音进行训练。舌根音（g、k、h）的共同发音特点是其都是通过舌面后部抵住软腭，软腭上升堵塞鼻腔通路而发出的；舌尖中音（d、t、n、l）的共同发音特点是其都是通过舌尖抵住上齿龈，软腭上升或是下降而发出的。训练这些音，可以锻炼儿童的舌部，使舌部更加柔软，有利于儿童突破舌根音和舌尖中音相关难字词的发音难关。接下来，我们将会针对舌部难发音的情况，设计矫正方法和游戏，这些训练对于一些口齿不清、语言含糊的儿童口吃患者帮助很大。

二、发音法——舌根音、舌尖中音的发音动作练习

1. 动作准备

老师带领学生发 g[k]、k[kʰ]、h[x]、d[t]、t[tʰ]、n[n]、l[l] 的音。

2. 游戏训练

游戏：降舌三式

训练方法：第一式：顶。训练者双手叉腰立于地面，集中注意力，闭紧嘴巴，舌头用力去顶左右两侧的脸颊（腮帮子），交替进行。舌头顶出时应能明显看到脸颊上有被顶出的凸起。

训练完毕后双方依次缓慢说出"g""k""h"。

说明：正常发音应短、快。我们所强调的缓慢应理解为：发音之前的准备动作尽量慢，两次发音之间间隔稍长一些，而最终发出的那个音不应拖沓，仍应保持正常速度。

第二式：翻。训练者将话梅或糖块含在嘴里，舌头和上颚配合，使之进行翻滚。翻舌头时可同时振动声带进行发声，以判断速度及灵活度。成人与儿童可依次进行比较，速度快的一方可以在第二式结束后吃掉糖果，慢的一方则需将糖果吐出。

训练完毕后双方依次缓慢说出"d""t""n""l"。

第三式：舔。训练者双方将果酱或喜食之物涂抹在嘴唇周围/牙齿上，而后用舌尖舔回。可比拼谁先完成。

训练完毕后成人可根据儿童前面的发音情况选择不熟练的声母再次练习巩固。

结尾仪式：训练者双臂环张成抱球状，松松打开，缓缓举过头顶，自胸前压下。

训练促进点：（1）通过锻炼舌头力量及灵活度提升儿童言语流利度。"g""k""h"为舌根音，第一式通过"顶舌"锻炼该部位发音力量。"d""t""n""l"为舌尖中音，第二、三式通过"翻""舔"锻炼舌尖力量及灵活度。

（2）大多数口吃者存在发音过重、过急、过快的问题，通过引导儿童减

慢诵读"g""k"等训练发出声母的速度，可以间接辅助矫正错误发音习惯。

（3）通过双方竞争和"练习"增强仪式感，糖果、果酱赋予其奖赏意义，提升儿童参与训练的兴趣和注意力。

训练材料： g、k、h、d、t、n、l。

三、关于舌根音、舌尖中音的单字发音练习

鼓（1G-594） 歌（1G-553） 海（1H-634） 哭（1K-986）
盒（1H-661） 豆（1D-392） 羚（1L-1110） 乐（1L-1037）
牛（1N-1313） 辣（1L-1015）

游戏：你说我猜

训练方法： 打印对应单字和该单字发音的卡片，作为游戏卡片。一方抽取卡片，根据卡片所示单字，模拟可联想到的该字的拟声词，如"鼓"——"咚咚咚"，"哭"——"呜呜呜"，"豆"——"噼里啪啦"。另一方根据所模拟声音猜字。双方轮次进行，规定时间内猜对字多的一方为胜利方。

说明： 提供拟声词的一方发音时应尽量快速、真实。猜字的一方说单字时发音应尽量缓慢、清晰、响亮。

训练促进点： 所学单字与其对应的拟声词多为舌根音与舌尖中音，通过此训练可巩固儿童的发音；儿童自己提供拟声词的方式可增强儿童的联想和想象能力；拟声词多为连续发音，可以锻炼儿童舌头的灵活度；发音是单字时速度的减慢有助于矫正错误的发音方式。

训练材料：

鼓（1G-594） 歌（1G-553） 海（1H-634） 哭（1K-986）
盒（1H-661） 豆（1D-392） 羚（1L-1110） 乐（1L-1037）
牛（1N-1313） 辣（1L-1015）

四、关于舌根音、舌尖中音的词语发音练习

桂(guì)花(huā)（1G-623） 嫩(nèn)绿(lǜ)（1N-1296） 开(kāi)课(kè)（1K-953）

刻(kè)苦(kǔ)（1K-974） 劳(láo)动(dòng)（1L-1034） 楼(lóu)梯(tī)（1L-1130）

电(diàn)脑(nǎo)（1D-360） 冬(dōng)天(tiān)（1D-383） 火(huǒ)锅(guō)（1H-749）

游戏：春天，那桂树，和孩子

训练方法：成人：今天我们来讲一个故事，这个故事需要我们一起把它讲完。（可以配合画图）

成人：这个故事发生在一个院子里，你能先画一个院子出来吗？

儿童：（画院子）

成人：你给这个院子取一个名字吧。在这个院子里我们要种一棵树，我们找一找，找到一棵树苗，这是什么树苗呢？（成人出示"桂花"的拼音）你来读一读。

儿童："桂花"，是桂花树。

成人：好，我们春天把它种下了，第二年这棵树开始抽芽了，它应该是什么颜色呢？（成人出示"嫩绿"的拼音）

儿童：（说出"嫩绿"，并将树涂成绿色）

成人：桂花渐渐长大了，长得高高大大的，枝叶的影子铺满了院子的一半。到了夏天，很多小孩来院子里找xx（儿童名字）玩。xx很聪明，知道他们不知道的事，于是xx准备教给他们一些好玩的东西，他/她在树上建了一个小教室。（引导儿童画出自己喜欢的建筑）你们在树上上课，你打算教给他们什么呢？

儿童：（回答）

成人：那么我们把你正式开始教小孩子学习的那一刻给予一个名称。（出示"开课"的拼音）

说明：此后成人可根据此故事梗概任意添加合逻辑的故事枝叶，以串联所学词语。可参考故事梗概：种下桂树—树上教课—扩建院子（"楼梯""劳

动""刻苦"）——购置"电脑"——"冬天"——树下"火锅"。只有当儿童正确说出所示拼音对应词语后才可继续进行。

训练促进点：通过游戏巩固所学词语的发音；针对口吃者存在的发音过急、过快问题，拼读方式可减慢儿童说话速度，矫正其发音方式；通过故事串联和绘图的组织方式可发展儿童的联想及叙事、表达能力。

训练材料：

桂花（1G-623）　嫩绿（1N-1296）　开课（1K-953）

刻苦（1K-974）　劳动（1L-1034）　楼梯（1L-1130）

电脑（1D-360）　冬天（1D-383）　火锅（1H-749）

五、关于舌根音、舌尖中音的短语发音练习

好后悔（1H-649）　　黑乎乎（1H-666）

画荷花（1H-710）　　黄花环（1H-727）

高规格（1G-544）　　滴滴答答（1D-346）

单打独斗（1D-312）　大都督（1D-303）

吞吞吐吐（1T-1837）　通天塔（1T-1811）

游戏：抽卡

训练方法：准备一个盒子和卡片。将卡片放入盒中，由儿童随意从盒子中摸出一张卡片，并说出卡片上的词语。说完后将卡片放在一旁，成人将盒子中的卡片摇晃均匀后，再由儿童随意抽取卡片清晰诵读。重复上面的步骤，将所有卡片都摸出后停止。每次结束后，可以给儿童一颗糖。（游戏可多次重复，速度逐渐加快）

训练促进点：在看不见的盒子中摸出卡片，可以给儿童一种神秘感以促进求知欲；通过使儿童逐渐加快诵读词语的方式训练其口齿流利度，矫正过急过快吐字不清楚的错误发音方式；通过诵读卡片上的短语巩固所学发音。

训练材料：

好<small>(hǎo)</small>后<small>(hòu)</small>悔<small>(huǐ)</small>（1H-649） 黑<small>(hēi)</small>乎<small>(hū)</small>乎<small>(hū)</small>（1H-666） 画<small>(huà)</small>荷<small>(hé)</small>花<small>(huā)</small>（1H-710）

黄<small>(huáng)</small>花<small>(huā)</small>环<small>(huán)</small>（1H-727） 高<small>(gāo)</small>规<small>(guī)</small>格<small>(gé)</small>（1G-544） 滴<small>(dī)</small>滴<small>(dī)</small>答<small>(dā)</small>答<small>(dā)</small>（1D-346）

单<small>(dān)</small>打<small>(dǎ)</small>独<small>(dú)</small>斗<small>(dòu)</small>（1D-312） 大<small>(dà)</small>都<small>(dū)</small>督<small>(du)</small>（1D-303） 吞<small>(tūn)</small>吞<small>(tūn)</small>吐<small>(tǔ)</small>吐<small>(tǔ)</small>（1T-1837）

通<small>(tōng)</small>天<small>(tiān)</small>塔<small>(tǎ)</small>（1T-1811）

六、关于舌根音、舌尖中音的句子发音练习

1. 刻苦的卡卡一早起来就在画荷花。
2. 牛牛总是怀念着那年的南宁。
3. 姑姑给我讲述着她坎坎坷坷的前半生。
4. 慧慧喜欢那片火红的花海。
5. 科科慷慨地给小伙伴分享了自己的牛奶。

游戏：赢家

训练方法：成人和儿童各准备3块糖。双方相对而坐，成人拿出卡片，以稍慢的速度诵读半句话。儿童重复所读的话，并接续剩下的半句，最后重复一整句话。若儿童可以流利准确地重复，则可以获得成人的一块糖。反之，儿童则要输给成人一块糖。重复游戏，直到一方将糖输光或将所有卡片读完。

二者也可更换比拼方式，即儿童充分熟悉所学短句后，双方可以通过在规定时间内看谁能准确清晰地完成比拼步骤的方式，来推进游戏。

训练促进点：通过成人引导、儿童生成的方式巩固所学内容；诵读速度由慢至快，可以矫正儿童说话过急过快而导致口吃的错误发音习惯；能力提升后速度的加快有利于提升儿童口齿流利度。

训练材料：刻苦的卡卡一早起来就在画荷花；牛牛总是怀念着那年的南宁；姑姑给我讲述着她坎坎坷坷的前半生；慧慧喜欢那片火红的花海；科科慷慨地给小伙伴分享了自己的牛奶。

七、关于舌根音、舌尖中音的语段练习

1. 化肥会挥发，黑化肥发灰，灰化肥发黑，黑化肥发灰会挥发，灰化肥挥发会发黑。黑化肥发灰挥发会花飞，灰化肥挥发发黑会飞花。

2. 哥哥挂钩，钩挂哥哥刚穿的白小褂儿。姑姑隔着隔扇去钩鼓，鼓高姑姑难钩鼓，哥哥帮姑姑去钩鼓，姑姑帮哥哥把小褂儿补。

3. 国国和哥哥，树下分果果。哥哥给国国大果果，国国把大个给哥哥。哥哥让国国，国国让哥哥。都说自己要小个，外婆见了乐呵呵。

4. 一个半罐是半罐，两个半罐是一罐，三个半罐是一罐半，四个半罐是两罐，五个半罐是两罐半，六个半罐是三满罐，七个、八个、九个半罐请你算算是多少罐。

5. 你会炖炖冻豆腐，你来炖我的炖冻豆腐。你不会炖炖冻豆腐，别胡炖乱炖炖坏了我的炖冻豆腐。

6. 调到敌岛打特盗，特盗太刁投短刀，挡推顶打短刀掉，踏盗得刀盗打倒。

游戏："闪电"速度

训练方法：游戏开始前可与儿童一起观看《疯狂动物城》中的树懒片段。成人引导儿童模仿树懒的慢动作。适应节奏后游戏开始。成人以树懒速度缓慢拍手，儿童根据拍手节奏一字、一字缓慢诵读绕口令。成人加快拍手速度，儿童再次重复诵读该绕口令。双方动作逐渐加快，可持续重复直至熟悉。

训练促进点：练习绕口令可以锻炼儿童用气自如、吐字清晰的能力；且读之朗朗上口，利于增强游戏趣味性；多次诵读绕口令可巩固之前所学内容；由慢至快的诵读节奏对应练习的由易到难，利于矫正口吃儿童发音过急过快的错误方式，提高儿童口齿流利度。

训练材料：化肥会挥发，黑化肥发灰，灰化肥发黑，黑化肥发灰会挥发，灰化肥挥发会发黑。黑化肥发灰挥发会花飞，灰化肥挥发发黑会飞花。（及其他所学绕口令）

八、综合巩固

喝(1H-654) 汗(1H-643) 竿(2G-217) 颗(1K-968)
筷(2K-401) 剃(2T-735) 袋(1D-308) 糖(1T-1768)
灯(1D-338) 奶(1N-1284)

贺卡(1H-662)　　广告(1G-614)　　红火(1H-678)
顾客(1G-597)　　光环(1G-613)　　老年(1L-1036)
锻炼(1D-407)　　土豆(1T-1830)　　农田(1N-1316)
鸵鸟(2T-754)　　公关稿(1G-568)

果敢的姑姑(1G-629)　　坎坎坷坷(2K-380)
刻苦的卡卡(1K-974)　　慷慨的科科(2K-381)
浓浓的牛奶(1N-1317)　　那年的南宁(1N-1279)
零零落落(1L-1111)　　浏览量(2L-463)
零利率(1L-1111)

1. 弟弟的闹钟滴滴答答地响起来了。
2. 哥哥吞吞吐吐地开口说自己犯的错误。
3. 洛洛激动地看着那座通天塔。
4. 妮妮把小手玩得黑乎乎的。
5. 璐璐兴奋地参观了故宫。
6. 哥挎瓜筐过宽沟,赶快过沟看怪狗。光看怪狗瓜筐扣,瓜滚筐空哥怪狗。
7. 哥哥捉蝈蝈,蝈蝈蹦哥哥。哥哥找蝈蝈,蝈蝈躲哥哥。捉住小蝈蝈,哥哥乐呵呵。

8.华华有两朵红花,红红有两朵黄花,华华想要黄花,红红想要红花,华华送给红红一朵红花,红红送给华华一朵黄花。

9.谭家谭老汉,挑担到蛋摊,买了半担蛋,挑担到炭摊,买了半担炭,满担是蛋炭。老汉忙回赶,回家炒蛋饭,进门跨门槛,脚下绊一绊,跌了谭老汉,破了半担蛋,翻了半担炭,脏了木门槛。老汉看一看,急得满头汗,连说怎么办,蛋炭完了蛋,老汉怎吃蛋炒饭。

10.那月是个腊月,大梁有个大娘,老人不太恼人,旅客都是女客,男女衣衫褴褛,三连住了三年。

11.学习就怕满、懒、难,心里有了满、懒、难,不看不钻就不前。心里丢掉满、懒、难,永不自满边学边干,蚂蚁也能搬泰山。

第二章　舌尖后音的训练

一、发音法（舌尖后音）的原理

舌尖后音的发音部位在舌尖翘起和硬腭前部相接触的部位。如普通话声母 zh、ch、sh、r。也称为"翘舌音""卷舌音"。

在发"zh"时，舌尖翘起，抵住硬腭前部，软腭上升，气流因通路完全封闭而积蓄起来。然后舌尖微离硬腭，形成一个窄缝，气流从窄缝中泄出，摩擦成声。声带不振动。

"ch"的阻碍部位和发音方式与发"zh"相同，只是冲出的气流比发"zh"时强许多。"zh"是舌尖后不送气清塞擦音，"ch"是舌尖后送气清塞擦音。

在发"sh"时，舌尖翘起，接近硬腭前部，在舌尖与硬腭之间留有一个窄缝，软腭上升，气流从舌尖与硬腭间的窄缝里挤出，摩擦成声。声带不振动。

"r"的阻碍部位和发音方式与"sh"相同，只是声带要振动。"sh"是舌尖后清擦音，"r"是舌尖后浊擦音。

由于发舌尖后音时，舌尖要上翘，接近于向后卷，因此舌尖后音（zh、ch、sh、r）通常又叫作卷舌音。但需要注意的是，舌尖后音主要是舌尖与硬腭前段成阻的一组音，发音时舌尖只需抬起来向硬腭前段靠近，而不是向后卷起，舌尖轻点硬腭就稍离开使气流通过，舌尖与硬腭前段的接触面要尽量小，以免发音含糊不清。

舌部的训练包括舌的前伸与后缩、左右移动及翘舌。每个儿童舌头灵活度都不一样，练习舌尖后音能够帮助口吃儿童主动完成舌部的动作，增强舌头的力量，提高舌头与其他发音部位的配合度，从而促进发音的训练以及提高吐字的清晰度。

二、发音法——舌尖后音的发音动作练习

1. 动作准备

老师带领学生发 zh[tʂ]、ch[tʂʰ]、sh[ʂ]、r[ʐ] 的音。

2. 游戏训练

游戏：舌位训练

训练方法：第一步：成人引导儿童将舌尖抵靠于前硬腭部，位置如下图所示。舌位调整完成后，成人说："静止。"儿童保持舌位5秒。

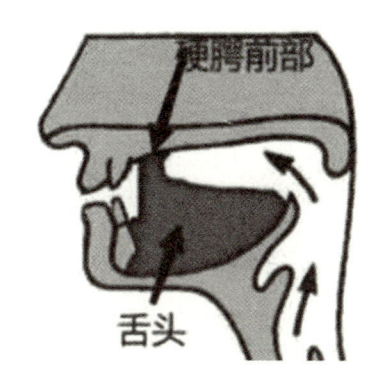

图1

第二步：在第一步舌位动作基础上，于儿童嘴唇前悬一张纸巾。成人说"ch"，儿童随即发出"ch"音，并通过发音时的气流将纸吹动。应注意发音时舌头稍离前硬腭使气流从中通过。

成人通过第二步反复引导儿童练习"zh""ch""sh""r"的发音。如发音准确，则给予奖励。

训练促进点：第一步可锻炼儿童舌部力量，使儿童熟悉发音位置；第二步可以帮助儿童掌握发声时的吐气方法，以练习准确发出"zh""ch""sh""r"。

训练材料：zh、ch、sh、r。

三、关于舌尖后音的单字发音练习

捉（1Z-2461）遮（1Z-2351）猪（1Z-2430）锄（2C-100）

茶（1C-175） 虫（1C-236） 师（1S-1616） 蛇（1S-1586）
人（1R-1535） 热（1R-1514）

游戏：猜猜我是谁

训练方法：成人与儿童在游戏开始前练习单字的发音。游戏开始，成人选择一张卡片，背对儿童说"猜猜我是谁？"说完后，将卡片展示给儿童。儿童需要在5秒内读出卡片上对应的单字。如发音成功，则给予奖励。

训练促进点：所学单字带有大量舌尖后音，诵读单字有助于儿童更好掌握舌尖后音的发声技巧；看图说话的游戏方式，可以锻炼儿童眼、脑、口的协调性。

训练材料：

捉（1Z-2461） 遮（1Z-2351） 猪（1Z-2430） 锄（2C-100）
茶（1C-175） 虫（1C-236） 师（1S-1616） 蛇（1S-1586）
人（1R-1535） 热（1R-1514）

四、关于舌尖后音的词语发音练习

圣旨（1S-1611） 生日（1S-1605） 车辙（1C-202）
证书（1Z-2374） 诊室（1Z-2361） 认输（1R-1518）
燃烧（1R-1505） 出售（1C-247） 转身（1Z-2451）
砂石（1S-1562）

游戏：两只"蹲蹲"

训练方法：准备训练材料中的卡片，儿童和成人各执一份。游戏由成人方开始，例如，成人抽出一张手牌显示"圣旨"，则说"圣旨蹲，圣旨蹲，圣旨蹲完生日蹲"，并配合蹲起的动作。说完后，儿童抽出显示"生日"的卡片，说"生日蹲，生日蹲，生日蹲完证书蹲"，并配合相应动作。双方以此种方式轮次进行，速度可逐渐加快。

训练促进点：儿童通过朗读所学词组可以练习舌尖后音的发音；反复诵读同一词组有助于巩固发音，强化记忆。

训练材料：

圣旨（1S-1611） 生日（1S-1605） 证书（1Z-2374）

诊室（1Z-2361） 砂石（1S-1562）

五、关于舌尖后音的短语发音练习

受伤的叔叔（1S-1656） 查成绩（1C-174）

时尚的婶婶（1S-1624） 长长的路（1C-181）

真正的战争（1Z-2360） 榕树的树梢（1S-1679）

城镇的市场（1C-218） 柔弱的荣荣（1R-1529）

认真的助产士（1R-1518） 真诚的厨师长（1Z-2360）

游戏：节奏大师（查成绩版）

训练方法：准备带有所学短语的卡片，将卡片倒扣在桌面上。成人一边手打节拍一边说"xxxxx（x）查成绩"（如"认真的助产士查成绩"等），声音和动作保持同步。儿童模仿成人进行练习，成人帮儿童打拍子。熟练后可逐渐加快节奏。

训练促进点：短语多为5~6个字，重复朗读"xxxxx（x）查成绩"可以锻炼儿童舌尖后音的发音；打拍子的游戏方式可以帮助儿童增强说话的节奏感。

训练材料：

受伤的叔叔（1S-1656） 查成绩（1C-174）

时尚的婶婶（1S-1624） 柔弱的荣荣（1R-1529）

认真的助产士（1R-1518） 真诚的厨师长（1Z-2360）

六、关于舌尖后音的句子发音练习

1. 洒水车在工作。
2. 狮子在吃饭。
3. 朝朝在刷牙。
4. 树上有只小松鼠。
5. 叔叔陪我去书店买书。

游戏：前进吧棋子

训练方法：准备带有所学句子的卡片、带有五个格子的纸板（如图2所示）、一颗棋子。卡片平铺于桌上，成人随机选择一张卡片并读出句子的前半句／后半句，儿童需要找到成人读的句子并补充完整。每完成一句，儿童可将棋子向前移动一格，完成所有句子后兑换奖励。成人应注意让儿童说出带有舌尖后音声母的成分。

训练促进点：通过读出带有舌尖后音声母的单句以达到锻炼发音的目的。

训练材料：洒水车在工作；狮子在吃饭；朝朝在刷牙；树上有只小松鼠；叔叔陪我去书店买书。

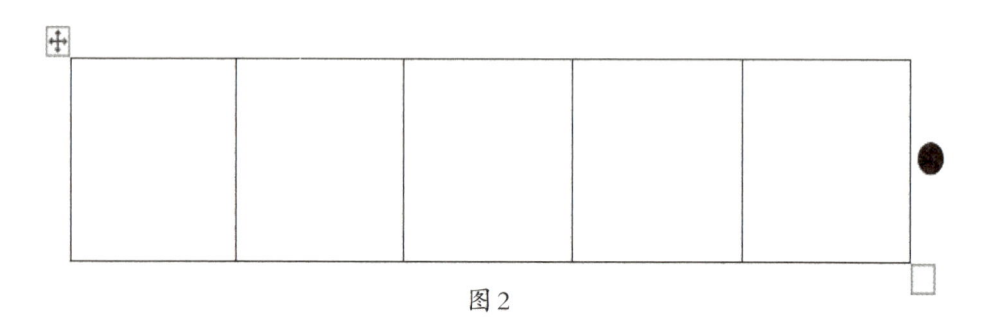

图2

七、关于舌尖后音的语段练习

1.隔着窗户撕字纸，一撕横字纸，再撕竖字纸，横竖两次撕了四十四张湿字纸，是字纸你就撕字纸，不是字纸你就别胡撕乱撕撕一地纸。

2. 山前有四十四棵死涩柿子树，山后有四十四只石狮子，山前的四十四棵死涩柿子树涩死了山后的四十四只石狮子，山后的四十四只石狮子咬死了山前的四十四棵死涩柿子树，不知是山前的四十四棵死涩柿子树涩死了山后的四十四只石狮子，还是山后的四十四只石狮子咬死了山前的四十四棵死涩柿子树。

3. 闲来没事我出城西，树木琳琅我数不齐，一二三四五六七，七六五四三二一，六五四，三二一，五四三二一，四三二一三二一，二一一，一个一，数了半天一棵树，一棵树上七个枝，七个枝结了七样果，结的是槟子、橙子、橘子、柿子、李子、栗子、梨！

游戏：应声而动

训练方法：准备槟子、橙子、橘子、柿子、李子、栗子、梨等水果卡片，设置七个供儿童跳跃的格子，分别标出一至七等数字。儿童根据绕口令所述内容进行动作并配合朗读，朗读时成人应带动儿童重读、慢读红色字。游戏开始，成人与儿童一起说出"闲来没事我出城西，树木琳琅我数不齐"。念至带有数字的语段时，儿童于朗读中根据数字指示在格子间跳跃。数字部分念完，跳跃停止。"数了半天一棵树，一棵树上七个枝，七个枝结了七样果"，念至此段时，需配合数字做出手势。随后儿童念出"结的是槟子、橙子、橘子、柿子、李子、栗子、梨"，成人则给予相应卡片。

训练促进点：绕口令富有节奏感、音乐感，读之抑扬顿挫，是动作性游戏的好材料，有利于锻炼儿童肢体协调性；重读、慢读带有舌尖后音的字词可以帮助儿童准确发音，矫正口吃。

训练材料：闲来没事我出城西，树木琳琅我数不齐，一二三四五六七，七六五四三二一，六五四，三二一，五四三二一，四三二一三二一，二一一，一个一，数了半天一棵树，一棵树上七个枝，七个枝结了七样果，结的是槟子、橙子、橘子、柿子、李子、栗子、梨！

八、综合巩固

chá 茶（1C-175） chái 柴（1C-179） chàng 唱（1C-194） chéng 城（1C-218）

chī 吃（1C-223） ròu 肉（1R-1530） shān 山（1S-1566） shé 蛇（1S-1586）

shí 石（1S-1623） zhǎi 窄（1Z-2326）

chàn dǒu 颤抖（1C-183） chǎng zi 厂子（1C-190） chéng chē 乘车（1C-219）

chú chuāng 橱窗（1C-262） rěn ràng 忍让（1R-1517） róu ruò 柔弱（1R-1529）

shù shāo 树梢（1S-1679） shū shu 叔叔（1S-1663） shù xué 数学（1S-1681）

zhù zú 驻足（1Z-2442）

cháng cháng bù chā duì 常常不插队（1C-189） chāo chao qù shàng xué 超超去上学（1C-196）

cháo shuǐ shàng zhǎng 潮水上涨（1C-199） chóng chong chī fàn 虫虫吃饭（1C-236）

ruì rui rēng lā jī 瑞瑞扔垃圾（1R-1538） shēn shen shì lǎo shī 婶婶是老师（1S-1559）

shū shu chī shǔ piàn 叔叔吃薯片（1S-1663） shuài shuai shuì jiào 帅帅睡觉（1S-1687）

zhāo zhao zhào xiàng 招招照相（1Z-2344） zhōu zhou xué xí 舟舟学习（1Z-2346）

1. 瘦小的朝朝很开心。

2. 株株喜欢长枪。

3. 战舰在水上。

4. 池子里生长荷花。

5. 柔柔在做操。

6. 施氏食狮史：嗜狮，誓食十狮。氏时时适市视狮。十时，适十狮适市。是时，适施氏适市。氏视十狮，恃矢势，使是十狮逝世。氏拾是十狮尸，适石室。石室湿，氏室。氏始试食十狮尸。食时，始识十狮尸，实是十石狮尸。试释是事。

7. 画狮子：有个好孩子，拿张图画纸，来到石院子，学画石狮子。一天来画一次石狮子，十天来画十次石狮子。次次画石狮子，天天画石狮子，死狮子画成了"活狮子"。

8. 小三登山：三月三，小三去登山；上山又下山，下山又上山；登了三次山，跑了三里三；出了一身汗，湿了三件衫，小三山上大声喊，离天只有三尺三。

9. 天上有个日头，地下有块石头，嘴里有个舌头，手上有五个手指头。不管是天上的热日头，地下的硬石头，嘴里的软舌头，手上的手指头，还是热日头，硬石头，软舌头，手指头，反正都是练舌头。

10. 师部司令部指示：四团十连石连长带四十人在十日四时四十四分按时到达师部司令部，师长召开誓师大会。

第三章　舌面音的训练

一、发音法（舌面音）的原理

前面已经进行了舌根音、舌尖中音、舌尖后音的训练，本章进行舌面音的训练。在发音时，舌面前部抬起，抵住硬腭前部发出的辅音叫作舌面音，普通话舌面音指的是 j、q、x。在发"j"时，舌面前部抵住硬腭前部，软腭上升，气流完全封闭，然后舌面前部微离硬腭，形成一个窄缝，气流从窄缝中泄出，摩擦成声，声带不振动。"q"的阻碍部位和发音方式与"j"相同，但是冲出的气流要比发"j"时更强。"x"的发音部位和"j""q"相同，但"x"是擦音，发音时没有气流封闭成阻的过程。

发准舌面音，需要进行多次训练，可以将有趣的图片与文字结合，在愉悦中强化练习，辨清发音部位，纠正发音错误，从而实现与他人的无障碍交流。

二、发音法——舌面音的发音动作练习

1. 动作准备

老师带领学生发 j[tɕ]、q[tɕʰ]、x[ɕ] 的音。

2. 游戏训练

游戏：小小粉刷匠

训练方法：第一步：刮舌。儿童用舌尖抵住下齿背，舌体贴住上齿背。成人说口令："开始张嘴"，儿童保持前文所述动作，将嘴巴缓慢张大。成人将冰淇淋或糖水涂抹在逐渐露出的舌面上，直至舌头完全挺起。观察到舌头完全挺起后，成人说出口令"静止不动"，儿童则保持该姿势一段时间。

第二步：收舌。成人说出口令"收舌"。儿童需做出如下动作：舌尖依旧抵住下齿背，舌面抵靠上齿背向回收。此时感受到：上齿背沿刮舌体，舌头随着回收而刮蹭硬腭。直至收回舌头，嘴巴闭上。

训练完毕后，成人引导儿童发"j""q""x"音。

训练促进点：通过"刮舌+收舌"训练可有效锻炼儿童打开后声腔的能力，以及改善儿童发舌面音时舌面过于靠前而发出"尖音"的问题，增强舌面隆起力量，以促进儿童掌握"j""q""x"等舌面音的正确发音方式。

训练材料：j、q、x。

三、关于舌面音的单字发音练习

鸡（1J-762） 挤（1J-779） 剑（1J-824） 犬（1Q-1494）
雀（1Q-1499）球（1Q-1478）晴（1Q-1469）心（1X-2026）
写（1X-2018）雪（1X-2075）

游戏：小小模仿家

训练方法：准备带有所学单字的卡片与若干零食。成人随机抽出一张卡片，大声念出单字，并将卡片展示给儿童。儿童听到后模仿成人的发音，并根据卡片模拟对应的动物，或展示对应的物品。成人可判定儿童的模拟是否成功。如成功，则给予儿童一个零食，反之则继续下一个。

训练促进点：通过诵读的方式以巩固所学单字；根据单字进行模拟可增强儿童联想与表演能力。

训练材料：

鸡（1J-762） 剑（1J-824） 犬（1Q-1493）
雀（1Q-1499）球（1Q-1478）心（1X-2026）

四、关于舌面音的词语发音练习

下雪（1X-1956） 艰险（1J-813） 浅显（1Q-1439）
星象（1X-2032） 休假（1X-2049） 价钱（1J-803）
前行（1Q-1436） 袭击（1X-1942） 家乡（1J-798）
牵起（1Q-1432）

游戏：开心消消乐

训练方法：每个词语准备两张卡片，将卡片按照5×4的方格模式随机摆放于桌上。游戏开始，儿童通过连线将相同的两个词语"消除"。每"消除"两张卡片，儿童需将该词语大声朗读三次，并移除已"消除"的词语。成功"消除"所有词语后，游戏结束。

训练促进点：在"消除"卡片的过程中儿童可以巩固所学词语；同时此种训练方式有助于锻炼儿童口、手、脑的协调性，帮助纠正儿童口吃。

训练材料：

下雪（1X-1956） 艰险（1J-813） 浅显（1Q-1439）
星象（1X-2032） 休假（1X-2049） 价钱（1J-803）
前行（1Q-1436） 袭击（1X-1942） 家乡（1J-798）
牵起（1Q-1432）

五、关于舌面音的短语发音练习

全球性（1Q-1490） 狙击枪（1J-757）
氢气球（1Q-1464） 旧家具（1J-919）
乞巧节（2Q-597） 西厢记（1X-1925）
请求权（1Q-1471） 斤斤计较（1J-880）

第三章　舌面音的训练

虚(xū)心学习（1X-2058）　情(qíng)景喜剧（1Q-1468）

游戏：大富翁

训练方法：如图3所示，准备游戏线路和代表成人与儿童双方的棋子。格子中随机填入短语与指示词。游戏开始，双方以掷骰子的方式移动棋子。如走到词语格子，需要儿童在15秒内，大声读出该词语三次；走到其他指令格子，则执行相应指令。双方从起点开始，经过终点三次后，游戏结束。

训练促进点：短语大都声母相同且声母以"j""q""x"为主，通过反复诵读所学短语有助于儿童巩固所学舌面音的发音；互动性的游戏方式可以训练儿童眼、口、脑共用；掷骰子和给予奖励的游戏设置有助于激起儿童的游戏兴趣。

训练材料：

全(quán)球性（1Q-1490）　狙(jū)击枪（1J-757）

氢(qīng)气球（1Q-1464）　旧(jiù)家具（1J-919）

乞(qǐ)巧节（2Q-597）　西(xī)厢记（1X-1925）

请(qǐng)求权（1Q-1471）　斤(jīn)斤计较（1J-880）

虚(xū)心学习（1X-2058）　情(qíng)景喜剧（1Q-1468）

起点/终点	全球性	后退一步	狙击枪	向前两步	表演节目	氢气球	向前三步
奖励两颗糖							旧家具
情景喜剧							前进三步
虚心学习							后退两步
休息一分钟							乞巧节
斤斤计较	前进三步	向前一步	直接到终点	请求权	后退两步	西厢记	奖励一颗糖

图 3

六、关于舌面音的句子发音练习

1. 七月一日是建党节。

2. 姐姐用洗衣机洗新裙子。

3. 奶奶喜欢听京剧。

4. 小杰在学习投铅球。

5. 小齐掉进了陷阱。

游戏：故事接龙

训练方法：准备带有所学句子的卡片。将卡片依据句子成分进行拆分。（例如，七月一日是建党节，拆分为："七月一日""是""建党节"）成人将卡片碎片放在桌子上，儿童一边读一边将碎片组合成句，完整读出。拼合成功后练习下一句。

训练促进点：

读出所学句子有利于锻炼儿童的发音，矫正口吃；组词成句的游戏方式有利于培养儿童的语感。

训练材料： 七月一日是建党节；姐姐用洗衣机洗新裙子；奶奶喜欢听京剧；小杰在学习投铅球；小齐掉进了陷阱。

七、关于舌面音的语段练习

1. 小金到北京看风景，小京到天津买纱巾。看风景，用眼睛，还带一个望远镜；看纱巾，带现金，到了天津把商店进。买纱巾，用现金，看风景，用眼睛。

2. 小芹手脚灵，轻手擒蜻蜓。小青人精明，天天学钢琴。擒蜻蜓，小芹睛天擒住大蜻蜓。学钢琴，趁年轻，小青精益求精练本领。你想学小青，还是学小芹？

3. 尖塔尖，尖杆尖，杆尖尖似塔尖尖，塔尖尖似杆尖尖。有人说杆尖尖比塔尖尖，有人说塔尖尖比杆尖尖。知道到底是杆尖比塔尖尖，还是塔尖比杆尖尖。

4. 加一，再减一，加完减完等于几？七加一，再减一，加完减完还是七。

5. 你也勤来我也勤，生产同心土变金。工人农民亲兄弟，心心相印团结紧。

游戏：小鹦鹉

训练方法： 成人与儿童相对而坐。选择一个绕口令，成人朗读，儿童模仿成人的发音、语速、咬字。朗读可以一字、一词、一句等形式进行。遇到红字时，成人应放慢速度并加重读音。

训练促进点： 诵读绕口令可以锻炼儿童用气自如、吐字清晰的能力；互动性的模仿可以激起儿童的兴趣。

训练材料： 小金到北京看风景，小京到天津买纱巾。看风景，用眼睛，还带一个望远镜；看纱巾，带现金，到了天津把商店进。买纱巾，用现金，看风景，用眼睛。（及其他所学绕口令）

八、综合巩固

袖(xiù)（1X-2055） 蟹(xiè)（1X-2025） 醒(xǐng)（1X-2038） 气(qì)（1Q-1423）
桥(qiáo)（1Q-1450） 琴(qín)（1Q-1460） 江(jiāng)（1J-832） 讲(jiǎng)（1J-838）
举(jǔ)（1J-927） 军(jūn)（1J-946）

酒(jiǔ)杯（1J-918） 橘(jú)子（1J-926） 警(jǐng)察(chá)（1J-905）
骑(qí)马(mǎ)（1Q-1416） 潜(qián)水(shuǐ)（1Q-1438） 群(qún)体(tǐ)（1Q-1503）
夕(xī)阳(yáng)（1X-1924） 香(xiāng)水(shuǐ)（1X-1983） 小(xiǎo)丑(chǒu)（1X-2004）
悬(xuán)挂(guà)（1X-2070）

经(jīng)济(jì)学(xué)（1J-895） 全(quán)勤(qín)奖(jiǎng)（1Q-1490）
小(xiǎo)技(jì)巧(qiǎo)（1X-2004） 京(jīng)津(jīn)冀(jì)（1J-894）
小(xiǎo)行(xíng)星(xīng)（1X-2004） 笑(xiào)嘻(xī)嘻(xī)（1X-2009）
将(jiāng)计(jì)就(jiù)计(jì)（1J-834） 心(xīn)心(xīn)相(xiāng)惜(xī)（1X-2026）
消(xiāo)极(jí)情(qíng)绪(xù)（1X-2000） 吸(xī)取(qǔ)教(jiào)训(xùn)（1X-1926）

1. 清洗伤口要细心。
2. 晶晶喜欢荡秋千。
3. 小许经常和姐姐下棋。
4. 拳击比赛继续进行。
5. 舅妈星期四去新疆旅行。
6. 七巷一个漆匠，西巷一个锡匠，七巷漆匠用了西巷锡匠的锡，西巷锡匠拿了七巷漆匠的漆。七巷漆匠气西巷锡匠用了漆，西巷锡匠讥七巷漆匠拿了锡。
7. 京剧叫京剧，警句叫警句。京剧不能叫警句，警句不能叫京剧。

8. 氢气球，气球轻，轻轻气球轻擎起，擎起气球心欢喜。

9. 天空飘着一片霞，水上游来一群鸭。霞是五彩霞，鸭是麻花鸭，麻花鸭游进五彩霞，五彩霞网住麻花鸭。分不清是鸭还是霞。

10. 小七喜欢巧姬，巧姬也喜欢小七，小七叫巧姬一起去驾校学习驾驶飞机，驾校却不教小七巧姬学习驾驶飞机，小七巧姬就请求驾校教他俩驾驶飞机，驾校坚决不教小七巧姬驾驶飞机。

11. 请将九十七卷极细极细的细丝线，织成九十七个极小极小的小家雀。九十七个极小极小的小家雀，剪断九十七卷极细极细的细丝线，飞向极峭极峭的悬崖下。

第四章　舌尖前音的训练

一、发音法（舌尖前音）的原理

普通话的舌尖前者指的是 Z、C、S，其发音部位相同，都在舌尖前部。发"z"时，舌尖抵住上齿背，软腭上升，气流因通路被完全封闭而积蓄起来。然后舌尖微离上齿背，形成一个窄缝，气流从窄缝中冲出，摩擦成声。声带不振动。

发"c"的阻碍部位和发音方式与发"z"相同，只是在发"c"时，冲出的气流比发"z"时要强许多。"z"是舌尖前不送气清塞擦音，"c"是舌尖前送气清塞擦音。

发"s"时，舌尖接近上门齿背，形成一个窄缝，软腭上升，气流从窄缝中泄出，摩擦成声，声带不振动，"s"是舌尖前清擦音。

由于发舌尖前音时，舌尖要前伸，上翘的姿势不明显，舌面平直，因此舌尖前音 z、c、s 通常又叫作平舌音。在许多方言中，卷舌音和平舌音不分，甚至这两类音和舌面音 j、q、x 也不分。

二、发音法——舌尖前音的发音动作练习

1. 动作准备

老师带领学生发 z[ts]、c[tsʰ]、s[s] 的音。

2. 游戏训练

游戏：我是小小搬运工

训练方法：准备一张卡纸，一些较轻的物品，如糖果、米粒等。成人引导儿童咬住卡纸，并在卡纸上放置一些较轻的物品。儿童需要保持牙齿姿势，将物品"运输"到指定地点。

训练促进点：游戏通过用牙齿咬住卡纸来搬运物品的方式，使儿童更清楚发音时的牙齿摆放部位，从而训练"z""c""s"发音时所需要的唇齿力量。

训练材料：z、c、s。

三、关于舌尖前音的单字发音练习

财（1C-146） 踩（1C-150） 草（1C-166） 册（1C-167）
伞（1S-1548） 扫（1S-1553） 森（1S-1556） 砸（1S-2288）
赞（1Z-2297） 早（1Z-2302）

游戏：猜猜我们是什么

训练方法：游戏开始，成人将两张不同的图片展示给儿童，并问"猜猜我们是什么？"儿童需要准确地说出两个字的读音，随后成人引导儿童对比感受两个字读音的差异。比较完成后可以更换图片，直到儿童将所有字之间的发音差异分析完成后给予奖励。

训练促进点：训练材料均为日常生活中的常用字，更贴近儿童生活，实用性强；训练通过朗读、比较包含"z""c""s"的不同字音来帮助儿童感受发音差异，提升发音流利度。

训练材料：

财（1C-146） 册（1C-167） 伞（1S-1548）
扫（1S-1553） 森（1S-1556）
赞（1Z-2297） 早（1Z-2302）

四、关于舌尖前音的词语发音练习

字词（1Z-2472） 杂草（1Z-2287） 紫色（1Z-2471）
蚕丝（1C-156） 醉枣（1Z-2492） 松子（1S-1709）

再次（1Z-2293） 总裁（1Z-2478） 做菜（1Z-2500）
自私（1Z-2473）

游戏：击掌传词

训练方法： 准备两根小木棍，成人与儿童各一根。游戏开始，成人与儿童按照一定的节奏敲击桌子，并同时说出训练材料中的词，如咚咚咚——（敲桌子）咚咚咚——（敲桌子）（xx字词）。一方读完词后，双方击掌，随后另一方读词，交替进行。如果儿童读词不准确，成人要适当加以纠正和引导。

训练促进点： "击掌传词"的游戏方式，有利于提升儿童的参与感和专注度；训练材料均为日常生活中的常用词，更贴近儿童生活，实用性强。

训练材料：

字词（1Z-2472） 杂草（1Z-2287） 紫色（1Z-2471）
松子（1S-1709） 再次（1Z-2293） 做菜（1Z-2500）
自私（1Z-2473）

五、关于舌尖前音的短语发音练习

自私的梓梓（1Z-2473）　　彩色的蚕丝（1C-149）
杂草丛（1Z-2287）　　　　擦厕所（1C-142）
四字词（1S-1705）　　　　擦萨克斯（1C-142）
喜滋滋的思思（1Z-2468）　总裁在做菜（1Z-2478）
私藏的粽子（1S-1700）　　聪聪的醉枣（1C-285）

游戏：抢零食

训练方法： 准备带短语的图片和适量零食，成人与儿童分别坐在桌子两侧。游戏开始，将一张图片和零食放在桌子中间，由裁判吹哨，儿童与成人开始抢零食，先碰到的人视为抢到零食。抢到零食的人需要准确读出图片上的短语，若读出的短语不标准，则裁判进行纠正，直至读标准，才可以获得零食。

训练促进点："抢零食"的游戏方式有助于激起儿童的游戏兴趣；训练材料均为日常生活中的常用短语，更贴近儿童生活，实用性强。游戏通过练习朗读含有"z""c""s"发音的短语来锻炼儿童舌尖前音的发音流利度。

训练材料：

擦(cā)厕(cè)所(suǒ)（1C-142）四(sì)字(zì)词(cí)（1S-1705）擦(cā)萨(sà)克(kè)斯(sī)（1C-142）

喜(xǐ)滋(zī)滋(zī)的(de)思(sī)思(sī)（1Z-2468）

六、关于舌尖前音的句子发音练习

1. 喜滋滋的思思正在做醉枣。
2. 撒撒拿出自己私藏的粽子分享给大家。
3. 松松把蚕丝染成彩色的。
4. 孔子孜孜不倦地学习着。
5. 宗宗擦着自己心爱的萨克斯。

游戏：说说他在干什么？

训练方法：成人将带有句子的图片倒扣在桌子上。游戏开始，成人随机翻开一张图片，并问"猜猜他在干什么？"儿童根据图片和图片上的句子，说出图片对应的句子，直到所有句子都被翻开。儿童读句子时，成人需要注意儿童的发音是否准确，并及时纠正。

训练促进点：训练材料均为日常生活中的常用句，贴近儿童生活，实用性强。游戏通过说出含有"z""c""s"发音的句子来锻炼儿童舌尖前音的发音流利度。

训练材料：喜滋滋的思思正在做醉枣；撒撒拿出自己私藏的粽子分享给大家；松松把蚕丝染成彩色的；孔子孜孜不倦地学习着；宗宗擦着自己心爱的萨克斯。

七、关于舌尖前音的语段练习

1. 二人山前来比腿，山前有个崔粗腿，山后有个崔腿粗。二人山前来比腿，不知是崔粗腿的腿比崔腿粗的腿粗，还是崔腿粗的腿比崔粗腿的腿粗。

2. 做早操，早起做早操，人人做早操，做操身体好。

3. 这是蚕，那是蝉，蚕常在叶里藏，蝉常在林里唱。

4. 镇江路，镇江醋。镇江名醋此出处，此处卖醋镇江醋，老崔买醋不舒服，匆匆促促买错醋，买了错醋不舒服。

游戏：请你跟我这样说

训练方法：准备带有训练材料的卡片。游戏开始，成人说"请你跟我这样说"，儿童答"我就像你这样说"。随后成人按照标点朗读句子，儿童一句一跟读。如果儿童出现发音错误，成人需要反复领读练习。领读结束后，可根据儿童练习情况进行两句跟读、三句跟读、语段跟读等。直到儿童可以一次跟读完一个完整的语段，给予奖励。

训练促进点：成人领读、儿童跟读的游戏设置可以为儿童提供一个模仿对象，提高学习效率。反复跟读含有"z""c""s"音的语段，有利于锻炼儿童舌尖前音的发音流利度。

训练材料：二人山前来比腿，山前有个崔粗腿，山后有个崔腿粗。二人山前来比腿，不知是崔粗腿的腿比崔腿粗的腿粗，还是崔腿粗的腿比崔粗腿的腿粗。（及其他所学绕口令）

八、综合巩固

菜^{cài}（1C-151） 聪^{cōng}（1C-285） 村^{cūn}（1C-294） 撒^{sā}（1S-1542）

僧^{sēng}（1S-1557） 杂^{zá}（1Z-2287） 卒^{zú}（2Z-999） 枣^{zǎo}（1Z-2303）

三^{sān}（1S-1547） 彩^{cǎi}（1C-149）

第四章　舌尖前音的训练

色彩（1S-1555）　三餐（1S-1547）　私藏（1S-1700）
存在（1C-295）　操作（1C-163）　嘈杂（1Z-2287）
粗俗（1C-289）　曹操（1C-164）　宗祠（1Z-2474）
琐碎（2S-717）

紫色的穗子（1Z-2471）　斯斯的讼词（1S-1702）
嘈杂的宗祠（1Z-2287）　私自操作（1S-1700）
总裁的三餐（1Z-2478）　搜索私藏（1S-1714）
赠送的蔬菜（1Z-2319）　粗糙的宋瓷（1C-289）
栽苍松（1Z-2290）　做酸菜（1Z-2500）

1. 茨茨收到了一根紫色的穗子。

2. 曹总因为私自操作受到了惩罚。

3. 籽籽从小就喜欢宋词。

4. 总裁的一日三餐很丰富。

5. 苏苏小的时候栽了一棵苍松。

6. 司小四和史小世，四月十四日十四时四十上集市，司小四买了四十四斤四两西红柿，史小世买了十四斤四两细蚕丝。司小四要拿四十四斤四两西红柿换史小世十四斤四两细蚕丝。史小世十四斤四两细蚕丝不换司小四四十四斤四两西红柿。司小四说我四十四斤四两西红柿可以增加营养防近视，史小世说我十四斤四两细蚕丝可以织绸织缎又抽丝。

7. 冲冲栽了十畦葱，松松栽了十棵松。冲冲说栽松不如栽葱，松松说栽葱不如栽松。是栽松不如栽葱，还是栽葱不如栽松？

8. 四是四,十是十,十四是十四,四十是四十，谁要把十四说成四十就打谁十四，谁要把四十说成十四就打谁四十，十四四十四十四，私自试一试。

9. 三月三，小三去登山；上山又下山，下山又上山；登了三次山，跑了三里三；出了一身汗，湿了三件衫；小三山上大声喊，离天只有三尺三。

31

第五章　唇音和齿音的训练

一、发音法（唇音和齿音）的原理

当人类在说话时，发音动作是由唇、齿、舌等共同配合运动而完成的，大多数口吃患者都会出现发音困难的情况，主要集中表现在唇、齿或舌这些构音器官上。

前面已经进行了舌部训练，本章选择唇音和齿音进行训练。唇音（b、p、m）的共同发音特点是双唇闭合，软腭或上升或下降，气流或从双唇或从鼻腔通过发音；唇齿音（f）的发音特点是下唇轻触上齿，软腭上升堵塞鼻腔通路，声带不振动，气流从唇齿间的窄缝中挤出，摩擦成音。

训练这些音，可以对儿童的唇音和齿音进行锻炼，使唇部和齿部更加灵活有力，利于儿童突破唇音和齿音等相关难字词的发音难关。

二、发音法——唇音、齿音的发音动作练习

1. 动作准备

老师带领学生发 b[p]、p[pʰ]、m[m]、f[f] 的音。

2. 游戏训练

游戏：亲子互动

训练方法：①唇音：成人引导儿童闭紧嘴巴，进行鼓气，而后突然打开双唇使气流爆破成音，发出"爸""妈""爬"等声音。

②齿音：成人引导儿童闭紧嘴巴，而后打开双唇使气流从唇与齿之间爆破成音，发出"发"的声音。

训练促进点：通过对唇音、齿音不同发音部位的针对性练习帮助儿童体

会不同辅音的不同发音，促进其发音准确协调。亲子互动的练习方式利于增强儿童的兴趣，同时增进家长对儿童的了解。

训练材料：b、p、m、f。

三、关于唇音、齿音的单字发音练习

八（1B-26） 爸（1B-33） 抱（1B-66） 爬（1P-1329）
盘（1P-1337）朋（1P-1356）妈（1M-1168）芒（1M-1189）
饭（1F-448） 房（1F-456）

游戏：你画我猜

训练方法：成人需要用动作展示出图片呈现的单字，结合一定的情境、表情等对儿童进行表演，儿童需要在一分钟内猜出图片上对应的单字。若发音失败则换下一张图片，若发音成功则给予奖励。

训练促进点：通过肢体语言帮助儿童深刻认识单字，理解单字的释义，有利于辅助儿童发音，使其掌握唇音、齿音的发音技巧；同时可以锻炼儿童眼、脑、口的协调性。

训练材料：

八（1B-26） 爸（1B-33） 抱（1B-66） 爬（1P-1329）
盘（1P-1337）朋（1P-1356）妈（1M-1168）

四、关于唇音、齿音的词语发音练习

背包（1B-77） 爸爸（1B-33） 冰雹（1B-114）
品牌（1P-1382）泡泡（1P-1347）偏旁（1P-1371）
密码（1M-1228）眉毛（1M-1205）夫妇（1F-495）
芬芳（1F-473）

游戏：一起找朋友

训练方法：准备带有所学词语的卡片，将卡片放至桌上。成人引导儿童发音，如发音困难则由成人带领熟读，而后成人引导儿童理解卡片的释义。最后，在所有卡片被全部发音和理解后，引导儿童进行连线组成短语，直到全部词语连线成功，游戏结束。

训练促进点：通过诵读和理解释义的方式，提高儿童的发音能力，提升其说话流利度，并为短语练习做准备。

训练材料：

bèi bāo
背包（1B-77）　　bà ba
爸爸（1B-33）　　bīng báo
冰雹（1B-114）

pǐn pái
品牌（1P-1382）　　pào pao
泡泡（1P-1347）　　piān páng
偏旁（1P-1371）

mì mǎ
密码（1M-1228）

五、关于唇音、齿音的短语发音练习

bèi pī píng
被批评（1B-79）　　　　fēng fù de pào pao
丰富的泡泡（1F-480）

bà ba de pī píng
爸爸的批评（1B-33）　　pó po de mì mǎ
婆婆的密码（1P-1393）

biàn bié de fāng fǎ
辨别的方法（1B-107）　　bù pà má fan
不怕麻烦（1B-138）

bā pǐ mǎ
八匹马（1B-26）　　　　mā ma de bǎo bao
妈妈的宝宝（1M-1168）

mò mò de fā fàng
默默地发放（1M-1262）　fēi fēi de bèi pàn
菲菲的背叛（1F-465）

游戏：发音与速度的较量

训练方法：准备带有所学短语的卡片，将卡片扣在桌子上。游戏开始，成人拿起一个卡片，儿童同时读出卡片内容，首先需发音准确，其次需快速发音，直到全部卡片读完，游戏结束。

训练促进点：所学短语多为唇音和齿音共同出现的短语，对儿童发音部位的转换要求较高。可以激发儿童发音的潜力，成人与儿童进行互动的游戏方式可增加儿童的游戏兴趣。

训练材料：

被批评（1B-79）　　丰富的泡泡（1F-480）

爸爸的批评（1B-33）　　婆婆的密码（1P-1393）

辨别的方法（1B-107）　　不怕麻烦（1B-138）

八匹马（1B-26）

六、关于唇音、齿音的句子发音练习

1. 帆帆接受了爸爸的批评。
2. 婆婆教会我辨别方向的方法。
3. 皮皮认真地画着八匹马。
4. 莱莱吹出了丰富的泡泡。
5. 妈妈教会我做事要不怕麻烦。

游戏：快乐识情境

训练方法：准备带有所学单句与对应图片的卡片，提前给儿童阅览、记忆单句，而后将卡片打乱顺序后扣在桌子上，随机挑选一张卡片，让儿童在成人的帮助下完成情境创设。直至全部读出单句和理解单句释义后游戏结束，成人可给予适当鼓励。

训练促进点：成人引导儿童通过游戏的方式参与单句的朗读和理解，在游戏中锻炼儿童的实践能力和思维能力，帮助儿童进一步提高对单句的认知度。

训练材料：帆帆接受了爸爸的批评；婆婆教会我辨别方向的方法；皮皮认真地画着八匹马；莱莱吹出了丰富的泡泡；妈妈教会我做事要不怕麻烦。

七、关于唇音、齿音的语段练习

1. 八百标兵奔北坡，炮兵并排北边跑。炮兵怕把标兵碰，标兵怕碰炮兵炮。八了百了标了兵了奔了北了坡，炮了兵了并了排了北了边了跑。炮了兵了怕了把了标了兵了碰，标了兵了怕了碰了炮了兵了炮。

2. 盆里有个瓢，风吹瓢摆摇，不知是瓢碰盆，还是盆碰瓢。

3. 峰上有蜂，峰上蜂飞蜂蜇凤；风中有凤，风中凤飞凤斗蜂。不知到底是峰上蜂蜇凤，还是风中凤斗蜂。

4. 黄瓦房、灰瓦房、粉瓦房，瓦匠瓦房顶上刷瓦房。冯瓦匠刷黄瓦房、粉瓦房，黄瓦匠刷灰瓦房、黄瓦房。黄、冯瓦匠刷好黄瓦房、灰瓦房、粉瓦房。

5. 方辉、黄飞学画凤凰，方辉画了红凤凰、黄凤凰、灰凤凰。黄飞画了粉红凤凰、花凤凰。方辉、黄飞画的凤凰像活凤凰。

游戏：小小演说家

训练方法：成人准备带有训练语段的纸卡。游戏开始，成人与儿童共读训练材料，帮助儿童掌握正确发音。而后成人将卡片随机分配给儿童，引导儿童准确读出卡片上的语段。游戏结束后，成人可适当给予奖励。

训练促进点：成人与儿童共读训练材料的方式有利于成人介入，提高儿童的发音精准度；儿童之间进行比赛的方式有利于激发儿童的获胜心理，从而更认真、高效地对待每一个语段。

训练材料：八百标兵奔北坡，炮兵并排北边跑。炮兵怕把标兵碰，标兵怕碰炮兵炮。八了百了标了兵了奔了北了坡，炮了兵了并了排了北了边了跑。炮了兵了怕了把了标了兵了碰，标了兵了怕了碰了炮了兵了炮。（及其他所学绕口令）

八、综合巩固

本(běn)（1B-82） 笔(bǐ)（1B-88） 瓶(píng)（1P-1388） 谱(pǔ)（1P-1404）
毛(máo)（1M-1193） 眉(méi)（1M-1205） 眠(mián)（1M-1230） 飞(fēi)（1F-462）
枫(fēng)（1F-482） 孵(fū)（1F-497）

报表(bào biǎo)（1B-65） 播报(bō bào)（1B-125） 瓢泼(piáo pō)（1P-1377）
拼盘(pīn pán)（1P-1379） 面膜(miàn mó)（1M-1235） 牧民(mù mín)（1M-1272）

第五章　唇音和齿音的训练

mèi mei　　　　　　　fàng fēi　　　　　　fú fēn
妹妹（1M-1212）放飞（1F-461）福分（1F-505）
fó fǎ
佛法（1F-493）

bái bǎn bǐ　　　　　　páng biān de bó bo
白板笔（1B-36）　　旁边的伯伯（1P-1342）
mèi mei de měi mào　　　　fèn fèn de fāng fāng
妹妹的美貌（1M-1212）愤愤的方方（1F-478）
pīn mìng de bēn pǎo　　　pào mò dài
拼命地奔跑（1P-1379）泡沫袋（1P-1347）
pū miàn de fēn fāng　　　pài fā de bèi bāo
扑面的芬芳（1P-1397）派发的背包（1P-1335）
běn běn fèn fèn　　　　　péng péng bó bó
本本分分（1B-82）　蓬蓬勃勃（1P-1358）

1. 伯伯一直都是个本本分分的人。

2. 那扑面的芬芳是蓬勃的花儿带来的。

3. 愤愤的方方用力地拍着泡沫袋。

4. 平平拼命地奔跑着。

5. 妹妹背着她新买的背包。

6. 白庙外蹲一只白猫，白庙里有一顶白帽。白庙外的白猫看见了白帽，叼着白庙里的白帽跑出了白庙。

7. 一座棚傍峭壁旁，峰边喷泻瀑布长，不怕暴雨瓢泼冰雹落，不怕寒风扑面雪飘扬，并排分班翻山攀坡把宝找，聚宝盆里松柏飘香百宝藏，背宝奔跑报矿炮劈火，篇篇捷报飞伴金凤凰。

8. 白猫手里有一顶白帽，白兔手中有一把白毛，白猫想拿手里的白帽，去换白兔手中的白毛，白兔不愿拿手中的白毛，去换白猫手里的白帽。

9. 妈妈骑马，马慢，妈妈骂马。牧童磨墨，墨抹牧童一目墨。小猫摸煤，煤飞小猫一毛煤。

10. 八十八岁公公门前有八十八棵竹，八十八只八哥要到八十八岁公公门前的八十八棵竹上来借宿。八十八岁公公不许八十八只八哥到八十八棵竹上来借宿。八十八岁公公打发八十八个金弓银弹手去射杀八十八只八哥，不许八十八只八哥到八十八岁公公门前的八十八棵竹上来借宿。

第六章　前鼻音和后鼻音的训练

一、发音法（前鼻音、后鼻音）的原理

人类在说话时，除了唇、齿、舌共同配合进行发声外，还需要鼻腔起共鸣作用。掌握前鼻音、后鼻音的正确发音方法对儿童正确发声十分重要。

前面已经进行了唇、齿、舌的发音训练，本章我们将进行前、后鼻音的练习。前鼻音（an、en、in、ün、ian、uan、üan、uen）中共同韵尾 –n 的发音特点是发音时，舌尖抵住上齿龈，软腭下降，打开鼻腔通路，气流振动声带，从鼻腔通过发音；阻碍解除时，气流突破舌尖的障碍，发出轻微的塞音。其中"an""en""in""ün"发音时，先发元音，紧接着软腭逐渐下降，增加鼻音色彩，舌尖往上齿龈移动，最后抵住上齿龈发"n"。"ian""uan""üan""uen"发音时，从前面轻而短的元音滑到中间较响亮的主要元音，紧接着软腭逐渐降下来，鼻腔通路打开，舌尖往上齿龈移动，最后抵住上齿龈发"n"。

后鼻音（ang、eng、ing、ong、iang、uang、ueng、iong）中共同韵尾 –ng 的发音特点是发音时软腭下降，打开鼻腔通路，舌面后部后缩抵住软腭，气流振动声带后从鼻腔通过。其中"ang""eng""ing""ong""iong"发音时，先发元音，紧接着舌面后部往软腭移动并抵住软腭发"ng"，整个韵母发音完毕除阻。"iang""uang""ueng"发音时，前面的韵头轻短，紧接着发 [aŋ]、[əŋ]。

接下来，我们将针对前后鼻音的问题，设计相关的游戏方案，以期能够在一定程度上解决口吃儿童前后鼻音发音困难的问题。

二、发音法——前鼻音、后鼻音的发音动作练习

1. 动作准备

老师带领学生发 an[an]、en[ən]、in[in]、ün[yn]、ian[iɜn]、uan[uan]、üan[yan]、uen[uən] 和 ang[aŋ]、eng[əŋ]、ing[iŋ]、ong[uŋ]、iang[iaŋ]、uang[uaŋ]、ueng[uəŋ]、iong[yŋ] 的音。

2. 游戏训练

游戏：大象呼呼

训练方法：第一步，吹气训练。

儿童模拟大象，即用左手捂住嘴，右胳膊从左胳膊与头形成的空隙中穿过以模拟大象鼻子。训练儿童使用鼻子向外吹气，发出"哼哼"声。

第二步，舌位练习。

（1）成人说出口令"前鼻音"，儿童舌头用力向下抵住下齿背。保持15秒，完成后成人与儿童练习发"an""en""in"等前鼻音。

（2）成人说出口令"后鼻音"，儿童舌头尽量后缩，舌头不能碰及牙齿。保持15秒，完成后成人与儿童练习发"ang""eng""ing"等后鼻音。

训练促进点：第一步训练有助于儿童习惯鼻音的吐气方式；第二步训练有助于儿童区分前后鼻音的舌位，锻炼舌部力量，准确发音。

训练材料："an""en""in"和"ang""eng""ing"等。

三、关于前鼻音、后鼻音的单字发音练习

班（1B-42） 衬（1C-211） 面（1M-1235） 棍（1G-625）
金（1J-881） 龙（1L-1125） 井（1J-902） 墙（1Q-1445）
朋（1P-1356） 红（1H-678）

游戏：寻找"金卡"

训练方法：准备带有所学单字的卡片。游戏开始前，成人与儿童应先练

习单字的发音。游戏开始，成人抽取6张卡片，从中选择一张作为"金卡"，并将"金卡"展示给儿童，使之熟悉发音。而后成人将6张卡片倒扣于桌上，儿童有3次机会寻找"金卡"。每次翻开一张卡片，需读出上面的字，发音准确即可翻开下一张。若发音困难，成人应给予帮助。

训练促进点：诵读所学单字有助于锻炼儿童前后鼻音的发音，提升准确度。找卡片的游戏方式有利于提升儿童游戏兴趣。

训练材料：

班（1B-42）　面（1M-1235）棍（1G-625）龙（1L-1125）
墙（1Q-1445）朋（1P-1356）红（1H-678）

四、关于前鼻音、后鼻音的词语发音练习

安全（1A-13）　天津（1T-1792）　饮品（1Y-2188）
拼音（1P-1379）　分针（1F-471）　精灵（1J-900）
清蒸（1Q-1467）雄鹰（1X-2047）名胜（1M-1244）
命令（1M-1247）

游戏：节奏大师

训练方法：准备带有所学词组的卡片。成人拿起一张卡片，例如"安全"，则说"这个词读什么呀？安安安——"，儿童说出"安全"。如果儿童不会读则由成人领读，卡片顺序可依据前鼻音词、后鼻音词交替进行的顺序。

训练促进点：成人领读前一个字，儿童补充完整的游戏方式可以巩固练习前后鼻音的发音；交替训练的游戏方式有助于儿童感知前后鼻音的发音区别。

训练材料：

前鼻音词：

安全（1A-13）　　天津（1T-1792）　饮品（1Y-2188）

pīn yīn
拼音（1P-1379）fēn zhēn分针（1F-471）

后鼻音词：

jīng líng
精灵（1J-900）　qīng zhēng清蒸（1Q-1467）　xióng yīng雄鹰（1X-2047）

míng shèng
名胜（1M-1244）　mìng lìng命令（1M-1247）

五、关于前鼻音、后鼻音的短语发音练习

jǐn xīn de bān rèn
尽心的班任（1J-887）　xīn qín de shěn shen辛勤的婶婶（1X-2027）

yǐn jìn de zhēn qín
引进的珍禽（1Y-2187）　rèn zhēn de rén mín认真的人民（1R-1518）

yīn chén de tiān
阴沉的天（1Y-2183）　bīng lěng de líng shēng冰冷的铃声（1B-114）

líng xīng de dēng yǐng
零星的灯影（1L-1111）　xìng féng de jǐng zhǎng姓冯的警长（1X-2040）

jīng míng de jīng yíng
精明的经营（1J-900）　qīng xǐng de mìng lìng清醒的命令（1Q-1467）

游戏：等于六

训练方法： 准备带有所学短语的卡片，并将之分为前鼻音词和后鼻音词两组。组内各张卡片随机标上1、2、3、4、5的序号，成人与儿童各持一组卡片。成人先出一张卡片（如"尽心的班任"标号为2）并大声朗读该短语，随后儿童出一张卡片（如"冰冷的铃声"标号为4）同样朗读出声。两张卡片上的序号相加等于6即为成功。重复以上过程进行游戏。

训练促进点： 诵读短语有助于锻炼儿童发音，巩固所学知识；相加等于6的匹配方式可以锻炼儿童简单的计算能力；针对带有前后鼻音的短语而进行的分组训练有利于促使儿童感知二者发音差异，区分前后鼻音。

训练材料：

前鼻音组：

jǐn xīn de bān rèn
尽心的班任（1J-887）　xīn qín de shěn shen辛勤的婶婶（1X-2027）

yǐn jìn de zhēn qín
引进的珍禽（1Y-2187）　rèn zhēn de rén mín认真的人民（1R-1518）

阴沉的天（1Y-2183）

后鼻音组：

冰冷的铃声（1B-114） 零星的灯影（1L-1111）

姓冯的警长（1X-2040） 精明的经营（1J-900）

清醒的命令（1Q-1467）

六、关于前鼻音、后鼻音的句子发音练习

1. 安安爱音乐。
2. 航航看老鹰。
3. 欢欢扔垃圾。
4. 晶晶送军军。
5. 鹏鹏看电影。

游戏：配对游戏

训练方法：准备6个玩偶，分别命名为"安安""航航""欢欢""晶晶""军军""鹏鹏"，并放置对应的名字卡片。游戏开始，成人随机指出一个玩偶，说"xx在干什么呀？"儿童根据所学单句补充下半句。

训练促进点：通过诵读单句练习前、后鼻音的发音。

训练材料：安安爱音乐；航航看老鹰；欢欢扔垃圾；晶晶送军军；鹏鹏看电影。

七、关于前鼻音、后鼻音的语段练习

1. 天上看，满天星。地下看，有个坑。坑里看，有盘冰，坑外长着一老松，松上落着一只鹰，鹰下坐着一老僧，僧前点着一盏灯，灯前搁着一部经，墙上钉着一根钉，钉上挂着一张弓。说刮风，就刮风，刮得那男女老少难把眼睛睁，刮散了天上的星，刮平了地下的坑，刮化了坑里的冰，刮倒了坑外的松，刮飞了松上的鹰，刮走了鹰下的僧，刮灭了僧前的灯，刮乱了灯前的

经，刮掉了墙上的钉，刮翻了钉上的弓。只刮得：星散、坑平、冰化、松倒、鹰飞、僧走、灯灭、经乱、钉掉、弓翻。

2. 扁担长，板凳宽，扁担没有板凳宽，板凳没有扁担长，扁担绑在板凳上，板凳不让扁担绑在板凳上，扁担偏要绑在板凳上。

3. 高高山上一条藤，藤条头上挂铜铃。风吹藤动铜铃动，风停藤停铜铃停。

4. 桌上放个盆，盆里有个瓶，砰砰啪啪，啪啪砰砰，不知是瓶碰盆，还是盆碰瓶。

5. 姓陈不能说成姓程，姓程不能说成姓陈。禾木是程，耳东是陈。如果陈程不分，就会认错人。

6. 老彭捧着一个盆，路过老庞干活儿的棚，老庞的棚碰了老彭的盆。棚倒盆碎棚砸盆，盆碎棚倒盆撞棚。

游戏：合唱

训练方法：准备一只盆、一个瓶。成人与儿童根据绕口令内容边读边进行相应动作演示，朗读时应重读、慢读红字部分。以第四则为例，游戏开始，成人与儿童一起朗读"桌上放个盆"，指出盆，"盆里有个瓶"，将瓶子放到盆里。"砰砰啪啪，啪啪砰砰"，成人与儿童敲击、摇晃盆和瓶并模拟声音。"不知是瓶碰盆，还是盆碰瓶"。第六则绕口令以此方式类推进行朗读，成人与儿童可分别扮演"老彭"和"老庞"。

训练促进点：绕口令读之抑扬顿挫，富有节奏感，适合配以动作性游戏进行训练；通过诵读带有前后鼻音的绕口令锻炼儿童准确发音。

训练材料：

桌上放个盆，盆里有个瓶，砰砰啪啪，啪啪砰砰，不知是瓶碰盆，还是盆碰瓶。

老彭捧着一个盆，路过老庞干活儿的棚。老庞的棚碰了老彭的盆。棚倒盆碎棚砸盆，盆碎棚倒盆撞棚。

八、综合巩固

岸(1A-16) 暗(1A—19) 坟(1F-474) 云(1Y-2279)
军(1J-946) 扔(1R-1520) 东(1D-382) 送(1S-1712)
光(1G-613) 鹰(1Y-2195)

伴侣(1B-51) 锻炼(1D-407) 奔跑(1B-81)
温度(1W-1894) 献给(1X-1979) 长短(1C-185)
灯泡(1D-338) 帮助(1B-55) 穷困(1Q-1473)
登山(1D-339)

陈晨是丞相(1C-209) 肯定的声音(1K-977)
邻近的墙(1L-1100) 南方的云(1N-1288)
安安的绳(1A—13) 广广的厅(1G-614)
东东的棚(1D-382) 静静的井(1J-912)
赢赢的鹰(1Y-2200) 青青的盆(1Q-1463)

1. 平平喜欢英语。

2. 长官爱运动。

3. 幸运的心心。

4. 琳琳的朋友们。

5. 森森很好看。

6. 丰丰和芳芳，上街买混纺。红混纺、粉混纺、黄混纺、灰混纺。红花混纺做裙子，粉花混纺做衣裳。穿上新衣多漂亮，丰丰和芳芳喜洋洋。感谢叔叔和阿姨，多纺红、粉、黄、灰好混纺。

7. 种冬瓜，东门童家门东董家，童、董两家，同种冬瓜，童家知道董家冬瓜大，来到董家学种冬瓜。门东董家懂种冬瓜，来教东门童家种冬瓜。童家、董家都懂得种冬瓜，童、董两家的冬瓜比桶大。

8. 会炖我的炖冻豆腐，来炖我的炖冻豆腐。不会炖我的炖冻豆腐，就别炖我的炖冻豆腐。炖坏了我的炖冻豆腐，那就吃不成我的炖冻豆腐。

9. 小青和小琴，小琴手很勤，小青人很精，手勤人精，琴勤青精。你是学小琴还是学小青？

10. 十字路口红绿灯，红黄绿灯分得清，红灯停，绿灯行，黄绿灯亮向左行，行停停行看灯明。

第七章　送气音和不送气音的训练

一、发音法（送气音、不送气音）的原理

前面已经进行了舌部及唇音、齿音的训练，本章进行送气音和不送气音的练习。送气音也叫吐气音，在汉语普通话中，主要指发音时呼出的气流较强的塞音或者塞擦音，普通话中的 p、t、k、c、ch、q 6个声母就是送气音。与之相对的是 b、d、g、z、zh、j 6个气流呼出较弱的不送气音声母。它们是按发音方法分出的一类辅音，发音时在解除口腔某部位形成的阻碍的同时，突然打开声门，让气流通过狭窄通道产生噪音，但是逸出的气流和产生的噪音都较送气音弱。

送气音和不送气音的区别是送气音气流较强，不送气音气流较弱。在练习时，可把手放在嘴巴前，感受发不送气音和送气音时气流的强弱差异。训练这些声母发音，可以锻炼儿童的发音器官的灵活度，有利于帮助儿童突破相关字词的发音难关。

二、发音法——送气音和不送气音的发音动作练习

1. 动作准备

老师带领学生发送气音 p[pʰ]、t[tʰ]、k[kʰ]、c[tsʰ]、ch[tʂʰ]、q[tɕʰ] 和不送气音 b[p]、d[t]、g[k]、z[ts]、zh[tʂ]、j[tɕ]。

2. 游戏训练

游戏：比比谁更快

训练方法： 准备两张薄厚适中的纸巾，将纸巾的顶端粘贴在横栏上。游戏开始前双方应熟悉所学声母发音。成人与儿童坐在各自的纸巾面前，根据

随即出示的声母进行发音。如出示送气音声母 p、t、k、c、ch、q 之一时，二人中反应速度更快，且凭借发音气流使纸巾抖动幅度更大者胜利；出示不送气音声母 b、d、g、z、zh、j 之一时，二人中反应速度更快，且纸巾不动者为胜利方。以画正字的方式记录胜利次数，练习完上述声母后，胜利次数更多的一方可以要求对方满足自己一个小愿望。

训练促进点：送气音与不送气音声母的主要发音差异之一在于呼出气流强弱，纸巾是测试气流强弱度的简易工具之一，可以简单容易地使儿童体会二者发音差异，以巩固所学知识，准确发音。

训练材料：p、t、k、c、ch、q 和 b、d、g、z、zh、j。

三、关于送气音、不送气音的单字发音练习

爬^{pá}（1P-1329）泡^{pào}（1P-1347）胖^{pàng}（1P-1343）他^{tā}（1T-1337）

叹^{tàn}（1T-1760）糖^{táng}（1T-1768）爸^{bà}（1B-33）被^{bèi}（1B-71）

字^{zì}（1Z-2472）左^{zuǒ}（1Z-2496）

游戏：投壶比赛

训练方法：准备乒乓球两个，小筐一只，带有所学单字的卡片（任意5张），并标注单字的拼音，将声母加粗标红。游戏开始，将乒乓球放在桌子上，小筐放在距离桌子较近处。儿童如果抽到带有送气音声母的单字，需要借助喊出该单字时吹出的气流将乒乓球吹到地上；抽到带有不送气音声母的单字卡片，则需要在大声念出该单字后，将卡片投入小筐中。如果发音出错，成人应及时予以引导。

训练促进点：此训练通过重复辨识带有送气音/不送气音的单字巩固所学知识；游戏中的发音要求有助于儿童校准读音，矫正口吃；双方竞赛并加以奖励的游戏方式有利于提高儿童的训练兴趣。

训练材料：

爬^{pá}（1P-1329）泡^{pào}（1P-1347）胖^{pàng}（1P-1343）他^{tā}（1T-1337）

叹（1T-1760） 糖（1T-1768） 爸（1B-33） 被（1B-71）
字（1Z-2472） 左（1Z-2496）

四、关于送气音、不送气音的词语发音练习

泡泡（1P-1347） 胖子（1P-114） 陪伴（1P-1351）
疼痛（1T-1783） 淘汰（1T-1772） 啼哭（1T-1786）
宝贝（1B-61） 达到（1D-300） 带动（1D-306）
单独（1D-312）

游戏：开枝散叶

训练方法： 准备带有所学词语的卡片。成人带领儿童随机抽取两张卡片并诵读两遍，读完后，成人作为示范，使用所读卡片进行造句。儿童随成人使用该卡片造句。儿童造句成功后成人给予相应奖励。奖励之后二人继续抽取新的卡片，并诵读、造句、奖励，以此进行游戏。可逐次增加单次游戏抽取的卡片数量以提升游戏难度。

训练促进点： 诵读词语可以锻炼儿童发音，矫正口吃；使用卡片进行造句的游戏方式有利于锻炼儿童的叙事与表达能力。

训练材料：

泡泡（1P-1347） 胖子（1P-114） 陪伴（1P-1351）
疼痛（1T-1783） 淘汰（1T-1772） 啼哭（1T-1786）
宝贝（1B-61） 达到（1D-300） 带动（1D-306）
单独（1D-312）

五、关于送气音、不送气音的短语发音练习

普通款（1P-1403） 排球场（1P—1333）

第七章 送气音和不送气音的训练

tàn kǒu qì
叹口气（1T-1760）　　tīng qīng chǔ
听清楚（1T-1803）

kù kù de qì chē
酷酷的汽车（1K-990）　qīng qīng de chuī
轻轻地吹（1Q-1465）

zhǎ zhǎ yǎn jīng
眨眨眼睛（1ZH-2322）　zhòu zhòu de chóu duàn
皱皱的绸缎（1ZH-2424）

zú qiú chǎng
足球场（1Z-2483）　　zuò gōng jiāo chē
坐公交车（1Z-2498）

游戏：归归类

训练方法：准备带有所学短语的卡片。准备两个小筐，分别带有"气流强""气流弱"字样。儿童随机抽出一张卡片并朗读出声，朗读过程中成人引导儿童将手放在嘴巴前面，以感受气流强弱，并将卡片投入对应小筐中。而后成人从剩余卡片中继续抽取一张并朗读，儿童将手放在成人嘴巴前感受气流强弱并依次将卡片归类。双方轮流抽卡、读卡，而由儿童始终进行感受气流与将卡片分类的工作。

训练促进点：所学短语中包含大量送气音与不送气音声母，发音时将儿童手掌放到嘴巴前面可以使儿童直观感受二者发音区别，促进儿童准确发音；发音完毕后即时将卡片进行分类的游戏设置有助于巩固认知，矫正口吃。

训练材料：

pǔ tōng kuǎn
普通款（1P-1403）　　pái qiú chǎng
排球场（1P—1333）

tàn kǒu qì
叹口气（1T-1760）　　tīng qīng chǔ
听清楚（1T-1803）

kù kù de qì chē
酷酷的汽车（1K-990）　qīng qīng de chuī
轻轻地吹（1Q-1465）

zhǎ zhǎ yǎn jīng
眨眨眼睛（1ZH-2322）　zhòu zhòu de chóu duàn
皱皱的绸缎（1ZH-2424）

zú qiú chǎng
足球场（1Z-2483）　　zuò gōng jiāo chē
坐公交车（1Z-2498）

六、关于送气音、不送气音的句子发音练习

1. 排球比赛需要裁判。

2. 今天婷婷请客。

3. 姐姐期盼今天有个好天气。

4. 坚果准备得很充足。

5. 最近订单特别多。

游戏：一起去旅行

训练方法：准备带有所学单句与对应图片的卡片和小兔子玩偶。成人移动玩偶到任意一张卡片上。儿童根据玩偶指示，读出对应卡片上的句子。如果儿童读出的句子准确且流利，成人可以适当奖励。

儿童回答完毕后，成人根据句中红字继续发问，如"裁判需要做什么呀？""小兔子去做客应该管婷婷叫什么呢？""好天气姐姐可以做什么？"等等，以此进行扩展，巩固练习。如果儿童回答的句子准确且流利，成人可以适当奖励。

训练促进点：跟随成人移动卡片，可以锻炼儿童的眼、手、脑的协调能力；问题一的设置，有利于促进儿童通过诵读所学单句训练其连贯发音的能力，有助于矫正口吃；问题二的设置有利于针对所学送气音声母进行加强练习，进一步锻炼儿童的叙事力、想象力。

训练材料：排球比赛需要裁判；今天婷婷请客；姐姐期盼今天有个好天气；坚果准备得很充足；最近订单特别多。

七、关于送气音、不送气音的语段练习

1. 和和口渴要水喝，可可喝水口不渴，和和要喝可可的水，可可的水给和和喝，和和喝水解了渴，谢谢可可给水喝。

2. 崔粗腿和崔腿粗。山前住的叫崔粗腿，山后住的叫崔腿粗，两人山前来比腿，也不知道崔粗腿比崔腿粗的腿粗，还是崔腿粗比崔粗腿的腿粗。

3. 小调皮，做习题。习题难，画小雁；小雁飞，画乌龟；乌龟爬，画小马；小马跑，画小猫；小猫叫，吓一跳。学文化，怕动脑；看你怎么学得好。

4. 调到敌岛打特盗，特盗太刁投短刀，挡推顶打短刀掉，踏盗得刀盗打倒。

5. 锄长草，草长长，长草丛中锄长草，锄尽长草做草料。

第七章　送气音和不送气音的训练

游戏：拍手接力赛

训练方法： 准备一个话筒模型，成人和儿童相对而坐。游戏由成人开始，以稍慢的速度读出绕口令第一句。读完后，双方击掌，成人将话筒转交给儿童，儿童以成人适才的朗读速度接续，读绕口令第二句。读完后双方击掌，儿童将话筒转移给成人。依次轮替进行游戏，成人读绕口令的速度可逐渐加快。每读完一个绕口令，应给儿童适当的奖励。

训练促进点： 所学绕口令中带有大量送气音与不送气音声母，朗读绕口令并将用朗读速度逐渐加快的游戏方式，可以训练儿童切换朗读送气音和不送气音的灵活度，提升儿童吐字发音的清晰度与准确性，有助于矫正口吃；击掌与转交话筒以带动游戏进行的设置，可以激起儿童的游戏兴趣，提升儿童的专注力与反应能力。

训练材料： 和和口渴要水喝，可可喝水口不渴，和和要喝可可的水，可可的水给和和喝，和和喝水解了渴，谢谢可可给水喝。（及其他所学绕口令）

八、综合巩固

kǎ　　　　　　kǒng　　　　　kū　　　　　　qī
卡（1K-952）　孔（1K-980）　哭（1K-986）　七（1Q-1405）
dēng　　　　　diǎn　　　　　jiā　　　　　　jiǎn
灯（1D-338）　点（1D-359）　加（1J-795）　剪（1J-817）
zhǎ　　　　　　zhēn
眨（1ZH-2322）真（1ZH-2360）

qīn qiè　　　　　　　qiāo qiāo　　　　　　chōng chì
亲切（1Q-1457）　悄悄（1Q-1447）　充斥（1CH-234）
chóu duàn　　　　　　gù gōng　　　　　　　jī jí
绸缎（1CH-240）　故宫（1G-596）　积极（1J-763）
jiā jù　　　　　　　jiàn jiàn　　　　　　　zhì zuò
佳句（1J-797）　渐渐（1J-827）　制作（1ZH-2403）
zhǒng zi
种子（1ZH-2414）

qiāo qiāo de tīng　　　　　　　chà bù duō
悄悄地听（1Q-1447）　差不多（1CH-177）
chī pú tao　　　　　　　　　　cāi de dá àn
吃葡萄（1CH-233）　猜的答案（1C-143）

51

爸爸的葡萄（1B-33）　　大大的车（1D-303）

哥哥的排球（1D-549）　过去的补丁（1G-631）

姐姐的宅子（1ZH-871）见不到的舅舅（1J-821）

1. 这张图片是天平。

2. 点击查看更清晰的图片。

3. 爸爸给姐姐一支钢笔。

4. 大家抓紧时间上班。

5. 饺子真好吃。

6. 出东门，过大桥，大桥底下一树枣儿，拿着杆子去打枣，青的多，红的少。一个枣儿，两个枣儿，三个枣儿，四个枣儿，五个枣儿，六个枣儿，七个枣儿，八个枣儿，九个枣儿，十个枣儿……这是一个绕口令，一口气说完才算好。

7. 螃蟹八只脚，脚多力气大；抬着一面鼓，出门去玩耍。有的脚向前，有的脚后拉；谁也不让谁，只好横着爬。爬得吐沫沫，爬得眼发花；爬到大门口，天色全黑了。太阳落西边，只好回家了。

8. 瀑布瀑布，像白布；小猴跑来裁衣裤。瀑布瀑布，不是布，淋得小猴湿漉漉。瀑布瀑布，水作布，一冲而下流远处。

9. 齐小喜与戚小七是亲戚。戚小七是戏迷向齐小喜学戏。齐小喜要戚小七虚心学戏细学习，戚小七立雄心表决心学戏有信心。

10. 蒲公英，空中飞；小白兔，地上追；小猴子，真淘气；鼓起嘴，后面吹。

第八章　单音素的训练

一、发音法（单音素训练）的原理

语音是由肺部呼出的气流经过声带等发音器官和构音器官的调节形成的。发声时气流从肺部呼出，作用于声带、咽腔、口腔、鼻腔等发音器官和构音器官，通过各部位的协作配合，发出不同的语音。儿童语音习得遵循一定的规律，是一个循序渐进的过程。

口吃患者说话不流畅，出现语言重复、延长或停顿等问题，汉语声母主要由辅音构成，因此口吃患者的发音困难主要在辅音。辅音的性质是由发音部位和发音方法决定的，根据发音部位的不同，辅音可分为双唇音、唇齿音、舌尖前音、舌尖中音、舌尖后音、舌面音和舌根音七种；根据发音方法中的阻碍方式，可以分为塞音、擦音、塞擦音、鼻音和边音五种；根据发音方法中的声带是否振动，可以分为清音和浊音两种；根据发音方法中的气流强弱，塞音、塞擦音又可以分为送气音和不送气音两种。

本章选择双唇音、舌尖前音、舌尖中音、舌尖后音、舌根音和塞音六种辅音进行单音素训练[①]，通过发音法的单音素练习，口吃患者能够重新掌握一种新的讲话方式，克服原有说话过重、过急、过快的问题。对于口吃，通过运用慢而有节奏的言语训练，使发音准确而协调、呼吸平静而自然、言语流畅而轻松，改变原有的讲话习惯，加强大脑对言语的调控能力，使得思维、语言、呼吸三者协调。

同时，口吃患者对比较困难的单音素进行发音法练习，能够锻炼发音器

[①] 不同的口吃患者因为肌肉功能差异或习惯问题，有不同的容易发生口吃的音，但很多人存在 z、c、s 和 zh、ch、sh 不分，n 和 l 不分，b、p、d 难发出等问题，遇到这些问题，发生口吃的概率更大。因此本方案选择相对容易发生问题的双唇音、舌尖前音、舌尖中音、舌尖后音、舌根音和塞音六种辅音进行训练。

官的灵活度，提高发音熟练程度，有利于帮助他们突破相关辅音音素的发音难关。

二、发音法——单音素的发音动作练习

1. 动作准备

老师带领学生发以下六种辅音，初步感受不同辅音的发音部位和发音方法。

双唇音：b[p]、p[pʰ]、m[m]

舌尖前音：z[ts]、c[tsʰ]、s[s]

舌尖中音：d[t]、t[tʰ]、n[n]、l[l]

舌尖后音：zh[tʂ]、ch[tʂʰ]、sh[ʂ]、r[ʐ]

舌根音：g[k]、k[kʰ]、h[x]

塞音：b[p]、p[pʰ]、d[t]、t[tʰ]、g[k]、k[kʰ]

2. 游戏训练

游戏：发现小动物

训练方法：

①双唇音：成人引导儿童闭紧嘴巴，进行鼓气，而后突然打开双唇使气流爆破成音，发出小金鱼"啵"的声音。

②舌尖前音：引导儿童闭拢上下齿，舌尖抵住牙齿并向外吹气，发出小蛇"嘶"的声音。

③舌尖中音：引导儿童将嘴巴稍稍张开，舌尖抵住上牙齿龈，练习发出小马"哒哒哒"的声音。

④舌尖后音：引导儿童咬住上下牙，舌尖抵住上齿龈后部（接近硬腭），模仿小老鼠发出"吱吱吱"的声音。

⑤舌根音：引导儿童抬起舌根，抵住软腭，模仿小鸽子发出"咯咯咯"的声音。

训练促进点： 通过对五个不同发音部位的针对性练习帮助儿童体会不同辅音的不同发音，促进发音准确协调；模仿小动物发音的练习方式利于增加

练习趣味，且有助于成人判断儿童发音准确度。

训练材料：①双唇音：b[p] ②舌尖前音：s[s] ③舌尖中音：d[t] ④舌尖后音：zh[tʂ] ⑤舌根音 g[k]

三、双唇音单音素训练

抱(bào)宝(bǎo)贝(bèi)（1B-66） 帮(bāng)爸(bà)妈(mā)（1B-55） 八(bā)百(bǎi)篇(piān)（1B-26）

变(biàn)卑(bēi)鄙(bǐ)（1B-105） 白(bái)薄(báo)饼(bǐng)（1B-36） 比(bǐ)臂(bì)膀(bǎng)（1B-86）

不(bú)辨(biàn)别(bié)（1B-138） 买(mǎi)保(bǎo)镖(biāo)（1M-1178） 美(měi)妹(mèi)妹(mei)（1M-1211）

萌(méng)猫(māo)咪(mī)（1M-1216）

游戏：说说我是谁

训练方法：准备带有所学词组的卡片，将卡片扣放至桌上。成人随机翻开一张卡片并询问儿童"小朋友，你知道我是谁吗？"儿童应准确清晰地读出词语。如发音困难则由成人带领熟读，并扣回卡片反复训练。所有卡片被翻开后，游戏结束。

训练促进点：通过诵读带有双唇音的词语以锻炼发音能力，提升说话流利度；随机翻开卡片的形式增加了游戏的趣味性。

训练材料：

抱(bào)宝(bǎo)贝(bèi)（1B-66） 帮(bāng)爸(bà)妈(mā)（1B-55） 八(bā)百(bǎi)篇(piān)（1B-26）

买(mǎi)保(bǎo)镖(biāo)（1M-1178） 萌(méng)猫(māo)咪(mī)（1M-1216）

四、舌尖前音单音素训练

早(zǎo)餐(cān)（1Z-2302） 数(shù)字(zì)（1Z-2472） 在(zài)超(chāo)市(shì)（1Z-2294）

种(zhòng)蔬(shū)菜(cài)（1C-151） 撑(chēng)着(zhe)伞(sǎn)（1S-1548） 手(shǒu)指(zhǐ)操(cāo)（1C-163）

游戏：小鸡啄米

训练方法：将带有所学词组的卡片做成大米形状，准备一只卡通布袋。儿童扮演小鸡。成人在地板上随机摆放"大米卡片"，儿童如果及时发现卡片并准确朗读，则可将这粒"米"放进自己的布袋里。若无法准确朗读，则由成人假装发现掉落的"米"后，缓慢读出卡片词语而后收回"米"，随后再次掉落，反复训练。根据获得"米"的数量给予不同奖励。

训练促进点：通过朗读带有舌尖前音的词语来帮助儿童锻炼发音；"小鸡啄米"的游戏方式利于激发儿童的训练兴趣。

训练材料：

zǎo cān　　　　shù zì　　　　zài chāo shì
早餐（1Z-2302）　数字（1Z-2472）　在超市（1Z-2294）

zhòng shū cài　　chēng zhe sǎn　　shǒu zhǐ cāo
种蔬菜（1C-151）撑着伞（1S-1548）手指操（1C-163）

五、舌尖中音单音素训练

dào tián lǐ　　　　děng tā lái　　　　diē dǎo le
稻田里（1D-334）　等他来（1D-340）　跌倒了（1D-371）

dù téng le　　　　dú lì de　　　　néng tīng dào
肚疼了（1D-400）　独立的（1D-396）　能听到（1N-1297）

lǎo nián tuán　　　tài duō le　　　　dà dōng tiān
老年团（1L-1036）太多了（1T-1750）大冬天（1D-303）

tiān táng niǎo
天堂鸟（1T-1792）

游戏：拍手连线

训练方法：准备带有所学词组的卡片、一张带有方向线的图画纸。将卡片按照训练材料的顺序依次排放到图画纸上。以"在稻田里，飞来一只天堂鸟，在大冬天，看到一个人，于是等他来，突然肚疼了，结果跌倒了。"作为训练句，由成人读出黑字，儿童补读红字。读黑字时，用手指轻敲桌面配合节奏，朗读应快而响亮。读红字时，齐拍三次手增强节奏感，朗读应慢而清晰。

训练促进点：训练材料全部带有舌尖中音的单音，且全部由三字组成；拍手打节奏的方式有利于调试口吃儿童说话的节奏感，促进发音均匀协调，改变原有讲话习惯；连词成句的训练内容有利于在训练中增强语感，加强儿童大脑对言语的调控能力，使思维、语言、呼吸三者协调。

训练材料：

稻(dào)田(tián)里(lǐ)（1D-334） 天(tiān)堂(táng)鸟(niǎo)（1T-1792） 大(dà)冬(dōng)天(tiān)（1D-303）

等(děng)他(tā)来(lái)（1D-340） 肚(dù)疼(téng)了(le)（1D-400） 跌(diē)倒(dǎo)了(le)（1D-371）

六、舌尖后音单音素训练

战(zhàn)场(chǎng)上(shàng)（1Z-2332） 针(zhēn)织(zhī)厂(chǎng)（1Z-2357） 执(zhí)政(zhèng)者(zhě)（1Z-2388）

张(zhāng)叔(shū)叔(shu)（1Z-2334） 招(zhāo)生(shēng)处(chù)（1Z-2344） 中(zhōng)山(shān)装(zhuāng)（1Z-2409）

实(shí)施(shī)者(zhě)（1S-1626） 生(shēng)产(chǎn)者(zhě)（1S-1605） 时(shí)装(zhuāng)周(zhōu)（1S-1624）

手(shǒu)术(shù)室(shì)（1S-1652）

游戏：小小企业家

训练方法：准备一张画图纸和彩笔。儿童作为生产者，成人作为买家。

成人：我想购买一件中山装。

儿童：什么时候来取中山装？

成人：后天。

儿童在图纸上设计好中山装后，将图纸交给成人即为完成交易。成人可围绕中山装的设计理念、价格、租借、售后等话题引导儿童与之讨论，在讨论中注意反复练习"中山装"的发音，且发音应慢而清晰。每句话应尽量简短。

训练促进点："中山装"的声母由舌尖后音组成，且具有文化意义，可作为训练材料；有针对性地反复练习同一词语可降低训练难度，强化训练效果；

角色扮演的训练方式利于增强游戏趣味，生活化的场景利于锻炼儿童的社会技能和逻辑思维能力，加强大脑对言语的调控能力，使思维、语言、呼吸三者协调。

训练材料：

中山装（1Z-2409）

七、舌根音单音素训练

功课（1G-569） 矿工（1K-999） 黄瓜（1H-727）

果壳（1G-629） 开关（1K-953） 烤火（1K-964）

更好看（1G-564） 刮刮卡（1G-599） 观后感（1G-604）

航空港（1H-646）

游戏：我问你答

训练方法： 准备带有训练材料及配对图片的卡片。成人随机抽取卡片，并就卡片内容向儿童提问，问题答案即为卡片词语。反复轮换卡片提问锻炼儿童发音。成功回答问题可给予奖励。

答案词	示范问句
果壳	我们吃坚果的时候哪部分不可以吃呢？
黄瓜	吃什么蔬菜比较健康呢？
开关	开灯的时候应该按什么呢？

训练促进点：通过引导回答指定词语的方式锻炼儿童的舌根音；问答的训练方式利于锻炼儿童的交际能力与词语的口语化应用。

训练材料：

huáng guā 黄瓜（1H-727） guǒ ké 果壳（1G-629） kāi guān 开关（1K-953）

八、塞音单音素训练

biān pào 鞭炮（1B-102） dōng tiān 冬天（1D-383） pū kè 扑克（1P-1397）
tiān kōng 天空（1T-1792） dùn pái 盾牌（1D-414） dǎ pēn tì 打喷嚏（1D-302）
duì duì pèng 对对碰（1D-410） bèi pò de 被迫的（1B-79） bié pǎo tí 别跑题（1B-111）
píng guǒ kuài 苹果块（1P-1386）

游戏：找朋友

训练方法：准备分别带有所学词组与对应图片的卡片。将词组卡片摆放在桌上，成人持有图片卡。成人随机展示一张图片卡，引导儿童找出对应的词组卡并准确朗读。

训练促进点：朗读带有所学塞音的词组有利于提高儿童发音的流利度；图文搭配的游戏方式利于锻炼儿童的抽象思维能力。

训练材料：

biān pào 鞭炮（1B-102） dōng tiān 冬天（1D-383） tiān kōng 天空（1T-1792）
dùn pái 盾牌（1D-414） dǎ pēn tì 打喷嚏（1D-302） píng guǒ kuài 苹果块（1P-1386）

九、综合巩固

（一）双唇音

méi méi mao 没眉毛（1M-1202） mèng pò miè 梦破灭（1M-1221） mǒ pào mò 抹泡沫（1M-1255）
mài miàn mó 卖面膜（1M-1181） miè mǎn mén 灭满门（1M-1241） pà pī pàn 怕批判（1P-1331）

胖婆婆（1P-1343） 碰泡泡（1P-1362） 乒乓拍（2P-583）
澎湃吧（2P-573）

（二）舌尖前音

桌子（1Z-2462） 宿舍（1S-1722）
自助餐（1Z-2473） 造船厂（1Z-2307）
做手术（1Z-2500） 石狮子（1S-1623）
洒水车（1S-1543） 草丛中（1C-166）

（三）舌尖中音

暖暖的（1N-1323） 大难题（1D-303） 土豆泥（1T-1830）
电路图（1D-360） 立体的（1L-1061） 桃太郎（1T-1774）
呆呆地（1D-304） 牛奶糖（1N-1313） 老领导（1L-1036）
聊聊天（1L-1091）

（四）舌尖后音

山楂汁（1S-1566） 神射手（1S-1597） 超值装（1C-196）
长春市（1C-185） 长沙市（1C-185） 初中生（1C-249）
润手霜（1R-1539） 日产车（1R-1522） 燃烧着（1R-1505）
入场证（1R-1535）

（五）舌根音

贺卡（1H-662） 故宫（1G-596） 荷花（1H-660）
桂花（1G-623） 口红（1K-983） 顾客（1G-597）
狂欢会（1K-997） 刚刚好（1G-538）
会更好（1H-739） 给客户（1G-561）

（六）塞音

饼干（1B-118） 糖果（1T-1768） 地板（1D-352）
瀑布（2P-589） 贝壳（1B-75） 不低头（1B-138）
打开过（1D-302） 爬不动（1P-1329）
大步跑（1D-303） 被公开（1B-79）

第九章　语句的训练

一、发音法（语句训练）的原理

发音法语句训练在提升儿童言语流利度方面具有重要作用。经过了基于单字、词语和短语的目标音功能训练，孩子大多能够较为准确地读出孤立音节，但当一个语句汇总几个甚至几十个音节连起来形成语流时，会出现发音错误增多、音节界限模糊、语言节律紊乱等一系列问题。

通过针对目标音长时间的语句训练，儿童在语音的停顿、轻重、快慢起伏方面会有一个比较具体的感知，对特定情境下的语言运用会有进一步的理解。对语句的发音进行训练，有利于儿童标准地对连续音节进行发音，提高其语调与语义内容相符的意识，在逐渐完整的语义输出过程中提高自己的交流意愿。

同时，发音法的语句训练难度较大，需要相关专业的老师做进一步的动作指导。为了增强孩子的表达意愿和信心，形成流利语感，语句练习的重要性不容忽视。

二、发音法——动作练习

1. 动作准备

（1）老师带领学生发 an[an]、en[ən]、in[in]、ün[yn]、ian[iɜn]、uan[uan]、üan[yan]、uen[uən] 和 ang[aŋ]、eng[əŋ]、ing[iŋ]、ong[uŋ]、iang[iaŋ]、uang[uaŋ]、ueng[uəŋ]、iong[yŋ] 的音。

（2）老师带领学生发 z[ts]、c[tsʰ]、s[s] 的音。

（3）老师带领学生发 b[p]、p[pʰ]、m[m]、f[f] 的音。

（4）老师带领学生发 j[tɕ]、q[tɕʰ]、x[ɕ] 的音。

（5）老师带领学生发 zh[tʂ]、ch[tʂʰ]、sh[ʂ]、r[ʐ] 的音。

2. 游戏训练

游戏：装卡袋

训练方法：依据5组发音练习内容准备5个空卡袋及对应的各组卡片，卡袋以序号命名（1、2……）。儿童随机抓取一只卡袋，成人为之提供对应发音卡片。由成人带领儿童练习卡片展示的辅音发音，正确发音后可由儿童将卡片装入对应卡袋中，依次练习。

训练促进点：通过诵读的方式完成动作练习，以儿童手动装取卡片的游戏方式增加游戏趣味性，提升儿童主动性与动手能力。

训练材料：① an、en、in、ün、ian、uan、üan、uen 和 ang、eng、ing、ong、iang、uang、ueng、iong ② z、c、s ③ b、p、m、f ④ j、q、x ⑤ zh、ch、sh、r

三、鼻音语句训练

1. 以鼻音声母为主的鼻音语句训练：

（1）妈妈骑马的时候说马很慢。

（2）毛毛摸了摸煤块并拿走了它。

（3）奶奶拿牛奶给妈妈。

（4）小猫发怒了。

（5）妹妹喜欢喝柠檬水。

（6）木屋中弥漫着大米的香气。

（7）奶奶说磨难能增加能力。

游戏：我来填宾语

训练方法：准备带有所学单句的卡片，注意将宾语部分标红，如"妹妹喜欢喝柠檬水"。成人带领儿童熟悉所学单句。游戏开始，由成人随机选择一张卡片诵读，读完谓语后示意儿童接读宾语，即由儿童读出红字部分。诵读时成人应注意停顿与重音变化。双方可互换角色。

训练促进点：通过语句训练使儿童感知语音的停顿、轻重、快慢是训练目标之一，有意识地使儿童接读简单句子的宾语成分有助于完成这一目标；同时有利于锻炼儿童对单句组成成分的区分，培养语感。

训练材料：妈妈骑马的时候说马很慢；奶奶拿牛奶给妈妈；妹妹喜欢喝柠檬水；木屋中弥漫着大米的香气；奶奶说磨难能增加能力。

2. 以鼻音韵母为主的鼻音语句训练：

（1）孩子们灿烂的笑容真是令人感叹。
（2）我们对于很多事情可能有先天的偏见。
（3）请您心宁静，身心健康很要紧。
（4）彭老师捧着一个盆子。
（5）我想象不出李香香同学的亮相方式。
（6）当风吹过藤条时，铜铃摇动。
（7）圆圆看着汹涌澎湃的大海。
（8）大风刮得男女老少很难把眼睛睁开。

游戏：看谁反应快

训练方法：准备训练材料中的单句卡片，并依据提示标红字体，将卡片平放于桌上。成人带领儿童熟悉卡片内容。游戏开始，成人随机选择一张卡片，大声读出红字之前的部分，儿童根据成人提示快速找到对应卡片并接读红字部分。而后由儿童选读，成人接读，轮次进行游戏。每完成一张卡片，需给予儿童鼓励与适当奖励以提升信心。

训练促进点：红字韵母以鼻音韵母为主，通过诵读有助于训练所学鼻音语句；同时，接读的游戏方式有利于帮助儿童断句，感知句子节奏、快慢，培养流利语感；及时鼓励有利于增强儿童的表达意愿与信心。

训练材料：孩子们灿烂的笑容真是令人感叹；我们对于很多事情可能有

先天的偏见；请您心宁静，身心健康很要紧；彭老师捧着一个盆子；圆圆看着汹涌澎湃的大海。

四、舌尖前音的语句练习

1. 总裁在给梓梓做饭。
2. 彩色的蚕丝让思思喜滋滋。
3. 松松孜孜不倦地学习四字词。
4. 杂草丛里有松子。
5. 司司再次擦起了萨克斯。
6. 这棵苍松三岁了。
7. 苏灿灿很自私。
8. 他把菜撒了。

游戏：连连看

训练方法：分别准备带有所学单句与相应图片的卡片。游戏开始，成人选择一张图片卡展示给儿童，引导儿童找出与之对应的单句卡并朗读出来。成人可根据图片与句子对应的元素来提示儿童。

训练促进点：看图连句的游戏方式有助于锻炼儿童的抽象思维能力；诵读单句有助于锻炼儿童舌尖前音的发音。

训练材料：洒水车打扫着整个城市街道；主持人仍然站在长城上讲述历史；然然经常学习时事长知识；住在山中寺庙的住持看着太阳冉冉升起；小柴犬帮助爷爷晒干柴草。

五、综合巩固

1. 冰冷的铃声打扰了尽心的班任。
2. 姓冯的警长发布了清醒的命令。
3. 三三踩了森林里的草。

4. 妈妈教会宝宝要不怕麻烦。

5. 市场经济使人收入提高。

6. 琪琪假期结束就去景区玩。

7. 板凳宽，扁担长，扁担没有板凳宽，板凳没有扁担长，扁担绑在板凳上，板凳不让扁担绑在板凳上，扁担偏要绑在板凳上。

8. 高高山上一条藤，藤条头上挂铜铃，风吹藤动铜铃动，风停藤停铜铃停。

9. 紫茄子，紫紫茄子，紫茄子紫。紫茄子结籽，紫茄子皮紫肉不紫。紫紫茄子结籽，紫紫茄子皮紫籽也紫。你喜欢吃皮紫肉不紫的紫茄子，还是喜欢吃紫皮紫籽的紫紫茄子。

10. 七巷一个漆匠，西巷一个锡匠，七巷漆匠偷了西巷锡匠的锡，西巷锡匠拿了七巷漆匠的漆，七巷漆匠气西巷锡匠偷了漆，西巷锡匠讥七巷漆匠拿了锡。

11. 石小四，史肖石，一同来到阅览室。石小四年十四，史肖石年四十。年十四的石小四爱看诗词，年四十的史肖石爱看报纸。

12. 白猫手里有一顶白帽，白兔手中有一把白毛，白猫想拿手里的白帽，去换白兔手中的白毛，白兔不愿拿手中的白毛，去换白猫手里的白帽。

第十章 语篇的训练

一、发音法（语篇训练）的原理

发音法是在对短语、短句、长句进行语意、语音层次划分的基础上进行朗诵练习。划分层次不需要太过拘谨，只需要领会朗诵的精神即可。有相关言语困难的儿童通过反复练习培养语感，从而提升言语流利度。

二、发音法——语篇练习方法

发音法通过划分语流、语段能够为儿童的谈话练习打下基础。家长可以找书本、报刊、杂志、绘本中比较浅显易懂的文章带着孩子出声朗读。朗读声音不需要太高，语速不宜过快，与日常对话的音量保持同一水平即可。同时，朗诵的语气和态度要从容，尽量做到自然。平缓的言语输出方式有利于让患者在短语、短句、长句的完整语流输出中感知节律，逐步形成朗诵语感，提升言语流利度。

三、短语练习

1. 阴沉的——天空（yīn chén de——tiān kōng）
2. 灿烂的——阳光（càn làn de——yáng guāng）
3. 偶——尔的口吃（ǒu——ěr de kǒu chī）
4. 从——明天起（cóng——míng tiān qǐ）
5. 要——有毅力（yào——yǒu yì lì）
6. 最——重要的是健康（zuì——zhòng yào de shì jiàn kāng）

7. 何必——自讨苦吃
8. 尽量——心平气和
9. 不——放弃
10. 普通话考试

游戏：击鼓传音

训练方法：准备一个小鼓，成人敲一下说一个字，连敲三下说三个字，成人敲鼓完成后，将鼓转交给儿童。儿童需要接过鼓也敲三下说三个字接住，接住得到奖励，接不住则接受惩罚。

训练促进点：通过接话可以锻炼儿童的逻辑思维能力和对汉字语义的认识能力，在接话的过程中需要快速思考，长期锻炼后，在阅读时也能较快地思考文字背后的语义并习惯性进行语义推测，是非常好的锻炼。

训练材料：

1. 有毅力——最重要
2. 明天起——不放弃
3. 普通话——不考试

四、句子练习

1. 今天的——作业——好多。
2. 我想吃——妈妈做的——红烧肉。
3. 体测提前的通知——让——同学们——感到焦虑。
4. 教书育人——是——老师的——本职工作。
5. 我——常常——怀念——过去的——高中岁月。
6. 我们——面对着——全国疫情的——散点暴发。
7. 重庆——是——一座——热情的——城市。

8. 春节——是——阖家团圆的——日子。
9. 奶奶——编织的——毛衣——特别温暖。
10. 小明——喜欢——用油画棒——画画。

游戏：你说我接

训练方法：每人每次可以说三个字，从第一个人说出三个字开始，下一个人接着前一人的话继续说三个字并且语义正确，一直累计，接不上者为输。可以从成人开始也可以从儿童开始，可以两人对接也可以多人接。输了的人接受惩罚，语义不通的也要接受同样的惩罚。

训练促进点：不断接话可以锻炼儿童的逻辑思维能力和对汉字的语义认识能力，在接话的过程中需要快速思考，长期锻炼后，在阅读时也能较快地思考文字背后的语义并习惯性进行语义推测，是非常好的锻炼。

训练材料：

1. 我想吃——妈妈做的——红烧肉。
2. 我——常常——怀念——的——同学们。
3. 重庆——是——一座——热情的——城市。

五、语段练习

1. 整个——团队——按照规划——开始了——巨浪一号的——研制攻关：第一步——在——陆上发射台——发射导弹，第二步——把导弹——装进——发射筒——以模拟——水下发射环境，第三步——进行——潜艇发射。

2. 超重人群和糖尿病人——因为要控制摄入食物的——总热量，因此——要尽量——少吃或不吃含糖量高的水果，含糖量少的水果——平均一天也不能超过200克。

3. 在山峦映衬的——山涧里,有潺潺清泉——从——乱石中——不断地涌出,六尾蝌蚪——摇曳着尾巴——顺流而下。

4. 俄罗斯科学家——设计出——外形为不透光的——黑色管状物,具有——重量轻、能耗小、精确度高、抗干扰能力强的特点和数字摄像、使——航天器——准确识别方向等功能的——新型星际指南针。

5. 他——对境界这一中国传统的美学范畴——进行了——详细的阐释,依据——是康德、叔本华的美学思想,阐释的内容——既有境界的主客体——及其对待关系,也有——境界的辩证结构——及其内在的矛盾运动,还有——境界美的分类——与各自特点。

6. 尼采曾——把母鸡下蛋的啼叫和诗人的歌唱——相提并论,说——都是"痛苦使然"。——这个——家常而生动的比拟——恰符合——中国文艺传统——里一个流行的意见:苦痛比快乐更能产生诗歌,好诗主要是不愉快、烦恼或穷愁的表现——和发泄。

7. 教练——对我在比赛中的表现——进行的——深入剖析使——我对自己在这次比赛中——由于骄傲自大、轻视对手——导致的严重失误——有了更进一步——认识,争取——在下一次比赛中——取得好成绩。

8. 许德珩同志——对记者——讲述了——他为了救国救民,早年参加过——孙中山领导的"辛亥革命",随后——积极参加——五四运动、一二·九运动和反蒋抗日的斗争,曾——

两次坐牢、被抄家，三次在他任教的大学被解聘，历经波折的——亲身经历。

9. 展厅——主要展示古老的——西藏科技智慧——和最新科技成就。位于拉萨的西藏自然科技类博物馆——于10月1日——结束试运营——正式免费向公众开放。

10. 食品添加剂——是为了改善食品本质和色、香、味——以及为防腐和加工工艺的需要——而加入食品中的——化学合成物质——或天然物质。

游戏：共创佳话

训练方法：成人率先击鼓，儿童需要伴随鼓声讲故事，鼓声不停说话不停，鼓声一停，立即停止讲话。然后由儿童击鼓，成人接着讲这个故事，鼓声停后再交换。击鼓一次持续时间不能超过一分钟，最短为三秒钟。不能连贯讲述或出现严重语义错误、逻辑错误的人接受惩罚。

训练促进点：不断接话可以锻炼儿童的逻辑思维能力和对汉字语义的认识能力，在接话的过程中需要快速思考，长期锻炼后，在阅读时也能较快地思考文字背后的语义并习惯性进行语义推测，是非常好的锻炼。

训练材料：

1. 在山峦映衬的——山涧里，有潺潺清泉——从——乱石中——不断地涌出，六尾蝌蚪——摇曳着尾巴——顺流而下。

2. 教练——对我在比赛中的表现——进行的——深入剖析使——我对自己在这次比赛中——由于骄傲自大、轻视对手——导致的严重失误——有了更进一步——认识，争取——在下一次比赛中——取得好成绩。

3. 食品添加剂——是为了改善食品本质和色、香、味——

以及为防腐和加工工艺的需要——而加入食品中的——化学合成物质——或天然物质。

六、综合巩固

（一）短语练习

1. 美好的——明天
2. 平仄的——对仗
3. 从——音韵——上面看
4. 建造——一座——房子
5. 愿——有情人——终成眷属
6. 对联的——基本——要求
7. 没有围墙的——大学
8. 想——出门——旅游
9. 陶渊明——赏菊
10. 苏东坡——望月

（二）句子练习

1. 从——明天起，做个——幸福的人。
2. 古代的——文人——特别喜欢——望月思乡。
3. 有的同学——在操场上——踢足球。
4. 小明——答应——小芳——放学一起回家。
5. 他们——约定好——要考上北京的——同一所大学。

6. 新课改对教师的职业素养提出了更高的要求。
7. 《一个陌生女人的来信》——是——茨威格的——成名作。
8. 小李——幻想——通过突击学习——取得一个好成绩。
9. 家是——最温暖的——港湾。
10. 我——喜欢——喝——鲜牛奶。

（三）语段练习

1. 组合类新材料作文——是指近几年高考中——出现的、由两个或两个以上彼此相关的材料——复合组成的、表达共同主题的、综合性较强的——材料作文。

2. 我国造墨业兴盛——隋唐时代的——墨工对于造墨技法的——讲究、墨的题识的镌刻——都推动墨——向着艺术化的方向发展。

3. 遗传——是生物按照亲代所经历的——同一发育途径和方式，摄取——环境中的物质建造自身，产生——与亲代相似的——复本的——一种自身繁殖过程。

4. 历史地理学——是——以自然和人文地理的产生、形成——及其演化的过程——为研究对象，探寻——这些现象产生、形成及其——演化背后的原因和规律，具有——时空结合的特征，是现代地理学的分支学科。

5. 由——中国质量万里行——促进会组织的、紧密结合当前市场经济热点——和市场消费环境，围绕——打击假冒、信用建设、质量兴国、名牌战略等社会热点、焦点问题，聚集——各个领域专家学者——进行互动交流的"中国3·15论坛",将于——3月9日——在京拉开序幕。

6. 古人类学——是——研究化石猿猴和现代猿猴与人类的亲缘关系、劳动——在从猿到人转变中的作用、人类发展过程中——体质的变化和规律等——有关人类起源——和发展问题的——一个分支学科。

7. 《中国现代语文教育百年事典》这部——为新世纪语文教育理论研究奠基——的好书搜集——整理了许多——以中小学语文教育问题为重点的——既对史事有概要介绍——又略有分析的能让读者得到探究语文教育规律的线索——的研究资料。

8. 宁静的山——因中国古人——喜欢——用比喻手法——在自然界寻找——人生品质的对应物——而被看成仁者的象征。

9. 现在——许多国家——都已经能够生产——可以独立操作的机床、可以——在病房里——细心照料病人、可以——在危险区域——进行作业的——机器人。

10. 血腥事件——使——越南战争——变成了——美国的一场数十万美国士兵——横渡太平洋——前来参战——并使其中数万人——丧失性命的战争。

第十一章　节奏的训练

一、发音法（节奏训练）的原理

汉语的节奏属于"音节计数"或"音节定时"型，松紧控制轻重，松紧为本。由于汉语几乎每个音节都承载意义，所以音节组合的松紧必然反映意义联系的松紧。汉语讲话不是一个字一个字说的，而是一个词一个词地说，每个词表达独立意义，常人说出每一个词组所占的时间大致相同，叫作节拍，词与词之间通过更大一级意义的松紧程度联结，词语中字音的长短轻重有规律地配合就形成了匀称整齐的节奏。朗诵时掌握了语言的节奏才能使语言抑扬顿挫，给人以音乐感。

口吃患者说话，不注意音节，就谈不上节奏。由于语速快（有的是心慌图快，有的是图省劲儿），常常会出现吃字的现象。把两个音节读成了一个音，这就叫"音节含糊"，我们讲话要求有节奏感，第一个要义就要求音节清楚，讲话时把每个字、每句话都清清楚楚送到听者耳朵里。把每一个字音都完整发出之后，就要根据意义划分节拍，寻找停顿点，这便是汉语的松紧，然后还可以根据意义判断轻重，表意重要的就是朗读时要重的地方，表意轻浅的就是朗读时需要附着在其他词语上轻轻连带过。反复练习就能慢慢领悟其中节奏了。

二、发音法——节奏的发音动作练习

1. 动作准备

老师带领学生练习有节奏感的短语、句子、语段。

2. 游戏训练

游戏：找找好朋友

训练方法：成人准备带有图片和文字的卡片、几支不同颜色的荧光笔。游戏开始，成人向儿童展示卡片，并向儿童说"找找他们的好朋友"，要求儿童在卡片上将短语按照节奏划分，用颜色不同的荧光笔标注出来，并进行朗读。如果儿童在划分过程中有困难或标注不准确，成人要给予适当提示。

训练促进点：游戏通过引导儿童自行根据意义划分节拍、寻找停顿点，根据意义判断轻重的方式帮助儿童在朗诵时掌握语言的节奏，从而使发音抑扬顿挫，给人以音乐感。

训练材料：

zhuā wá wa
抓娃娃（1Z-2447）

xuán zhuǎn fāng xiàng
旋转方向（1X-2071）

dǐ dǎng yòu huò
抵挡诱惑（1D-351）

fēng fù de pào pao
丰富的泡泡（1F-480）

bà ba de pī píng
爸爸的批评（1B-33）

bā pǐ mǎ
八匹马（1B-26）

xiǎng xiū xi
想休息（1X-1992）

jī lì zì jǐ
激励自己（1J-766）

xiáng xi xìn xī
详细信息（1X-1987）

dān dǎ dú dòu
单打独斗（1D-312）

liú lǎn liàng
浏览量（2L-463）

chāi kuài dì
拆快递（1C-178）

cháng cháng de lù
长长的路（1C-181）

三、有节奏感的短语发音练习

zhuā wá wa
抓娃娃（1Z-2447）

xuán zhuǎn fāng xiàng
旋转方向（1X-2071）

dǐ dǎng yòu huò
抵挡诱惑（1D-351）

fēng fù de pào pao
丰富的泡泡（1F-480）

bà ba de pī píng
爸爸的批评（1B-33）

bā pǐ mǎ
八匹马（1B-26）

xiǎng xiū xi
想休息（1X-1992）

jī lì zì jǐ
激励自己（1J-766）

xiáng xi xìn xī
详细信息（1X-1987）

dān dǎ dú dòu
单打独斗（1D-312）

liú lǎn liàng
浏览量（2L-463）

chāi kuài dì
拆快递（1C-178）

cháng cháng de lù
长长的路（1C-181）

四、有节奏感的句子发音练习

1. 中国人民勤劳勇敢。
2. 我看了一场精彩的舞狮表演。
3. 姐姐和妹妹一起去海边玩。
4. 小明十分沉着机智。
5. 星期天我和朋友去展览馆。

游戏：接住我的话

训练方法：成人准备带有图片和句子的卡片。游戏开始，随机抽取一张卡片，成人朗读句子，在提示的停顿处停止，由儿童接读下半句。双方以此类推交替进行接读。如果儿童在朗读句子过程中有发音错误，成人要及时给予纠正。

训练促进点：成人与儿童交替接读的游戏方式有助于帮助儿童体会朗读节奏，同时激发儿童的游戏兴趣，增强游戏体验感。

训练材料：中国人民勤劳勇敢；我看了一场精彩的舞狮表演；姐姐和妹妹一起去海边玩；小明十分沉着机智；星期天我和朋友去展览馆。

五、有节奏感的语段发音练习

1. 黑黑的乌云，是大雨的家。深深的地下，是石油的家。密密的森林，是蘑菇的家。小朋友到动物园玩，别忘了回家。家里有爸爸妈妈，和舒服柔软的沙发。

2. 山雾像一群贪玩的孩子，大清早就喜欢在山谷里奔跑，一会儿从山下跑到山上，一会儿又钻进了密林。他们是在追逐嬉闹，是在互相聊天，还是在林中玩捉迷藏？

3. 爬山虎刚长出来的叶子是嫩红的，不几天叶子长大就变成嫩绿的。爬山虎的嫩叶不太引人注意，引人注意的是长大了的叶子，那些叶子绿得那么新鲜，看着非常舒服。一阵风拂过，叶子就泛起波纹，好看得很。

4. 秋天来了，田野上画出美丽的图画。鸭梨好像金黄的灯笼，苹果露出羞红的脸颊，稻海泛起闪光的波浪，高粱举起燃烧的火把。谁使秋天这样美丽？大雁在天上排成人字，好像在回答，勤劳的人们画出秋天的图画。

5. 月儿高，挂树梢，大树底下好热闹。小熊砍柴狗烧火，小鸭切菜小鸡炒。白鹅忙着蒸米饭，小猪忙着下面条。你也忙，我也忙，一桌饭菜全做好。大家围着桌子坐，又唱又跳真热闹。

游戏：寻宝藏

训练方法： 准备如图4所示的格板。成人将每个语段按照句号标点分成几个小句子。游戏开始，成人给出一张单句卡片，儿童按照停顿提示有节奏地练习朗读。如果儿童成功地连续读完一个语段，则可以根据语段中包含的句子数量获得对应的掷骰子次数。按照掷出的点数前进，获得格子中的奖励或得到惩罚。

起点/终点		后退一步		向前两步	表演节目	向前三步
奖励两颗糖						前进三步
奖励零食						后退一步
休息一分钟						
	前进三步		直接到终点		后退两步	奖励零食	奖励一颗糖

图 4

训练促进点："连句成段"的朗读设置有利于帮助儿童在朗读中对整个语段的理解，从而锻炼儿童对长、难句子的分析能力，同时锻炼说话的节奏感。

训练材料：

黑黑的乌云，是大雨的家。深深的地下，是石油的家。密密的森林，是蘑菇的家。小朋友到动物园玩，别忘了回家。家里有爸爸妈妈，和舒服柔软的沙发。

山雾像一群贪玩的孩子，大清早就喜欢在山谷里奔跑，一会儿从山下跑到山上，一会儿又钻进了密林。他们是在追逐嬉闹，是在互相聊天，还是在林中玩捉迷藏？

爬山虎刚长出来的叶子是嫩红的，不几天叶子长大就变成嫩绿的。爬山虎的嫩叶不太引人注意，引人注意的是长大了的叶子，那些叶子绿得那么新鲜，看着非常舒服。一阵风拂过，叶子就泛起波纹，好看得很。

秋天来了，田野上画出美丽的图画。鸭梨好像金黄的灯笼，苹果露出羞红的脸颊，稻海泛起闪光的波浪，高粱举起燃烧的火把。谁使秋天这样美丽？大雁在天上排成人字，好像在回答，勤劳的人们画出秋天的图画。

月儿高，挂树梢，大树底下好热闹。小熊砍柴狗烧火，小鸭切菜小鸡炒。白鹅忙着蒸米饭，小猪忙着下面条。你也忙，我也忙，一桌饭菜全做好。大家围着桌子坐，又唱又跳真热闹。

六、综合巩固

抱着宝贝（1B-66）　　没眉毛（1M-1202）

跌倒了（1D-371）　　神射手（1S-1597）

瓢泼大雨（1P-1377）　　播报新闻（1B-125）

孵蛋的鸡（1F-497）　　放飞白鸽（1F-461）

旁边的伯伯（1P-1342）拼命地奔跑（1P-1379）

本本分分（1B-82）　　战场上（1Z-2332）

浓浓的牛奶（1N-1317）大胆的孩子（1D-303）

1. 小美搬家时，许多同学都来帮忙。

2. 爸爸妈妈和我参加义务劳动。

3. 他是一名拥有不屈不挠精神的人。

4. 蘑菇像一把漂亮的小伞。

5. 同学们穿着整齐的校服参加升旗仪式。

6. 夏夜里，望星星，星星对我眨眼睛。我笑星星真顽皮，爷爷笑我没搞清。是大气在流动，不是星星在眨眼睛。

7. 春天来了，小溪醒了练长跑，麦苗醒了弯弯腰。桃花醒了露出笑脸，柳树醒了摇摇辫子。燕子唱起春天的歌儿，春天来了多么好！

8. 春天多么美好，蝴蝶飞飞，跟着甜甜妹妹。妹妹跑进了花园，亲亲小小蓓蕾。蓓蕾摇晃着身体，对着蝴蝶笑笑。妹妹追着蝴蝶跑跑，大家一起笑笑。笑笑、笑笑，春天多么美好。

9. 荡秋千，荡秋千，一把荡过柳树梢。摘朵白云怀中抱，送给爷爷把背靠。秋千荡得高高，荡呀荡过树梢。树梢点头微笑，夸我是勇敢宝宝。荡秋千，荡秋千，一荡荡到白云边。

10. 我有一盒小蜡笔，五颜六色真美丽。用它画太阳，太阳红彤彤。用它画小草，小草青又青。用它画国旗，祖国在心中。

第十二章　声韵复沓的训练

一、发音法（声韵复沓训练）的原理

声韵复沓指的是相同的音素规律性地出现在语音链条上的现象。声韵复沓使语音链条回环照应，相互衬托，能够增强语言的韵律性。

声母的重复称为双声，双声指一个双字词中或者相连的两音节中声母相同；韵母的重复称为押韵或叠韵，凡韵母相同或相近（韵头可以不同，只要韵腹韵尾相同）即构成韵，凡韵母相同或相近的字即可押韵；字（音节）的重复称为重言（或者叠音、叠字），指两个相同的汉字重叠起来用，整个音节的重复使音韵更加和谐。

汉语一字一音节，音近的字非常多，声韵的搭配与安排就比较容易，韵律性更强，读起来朗朗上口，能够产生良好的学习效果。因此，练习时可以充分利用词汇中声韵复沓的特点，挑选出符合特征的词语，把它们教给儿童，这样会易于记忆而且记得更加牢固。

二、发音法——声韵复沓的发音动作练习

1. 动作准备
老师带领学生练习声韵复沓的词语、短语、句子、语段。

2. 游戏训练
游戏：摇滚乐团

训练方法：准备带有所学材料的卡片。成人与儿童先有节奏地鼓掌两次，随后拍打桌子。拍桌子的同时练习发音。例如，"啪！啪！咚！（参）咚！（差）"，拍桌子的次数根据训练材料的字数而定。

流利说话我最棒——言语流利度训练

训练促进点：训练材料多为叠音词，韵律性强，读起来朗朗上口，通过有规律地拍手、击打桌子的游戏方式形成节奏，朗读词语和短语，带动练习。

训练材料：词语：参差、反复、威望；短语：抓娃娃、吃栗子、用英语、绕跑道跑。

三、关于声韵复沓的词语发音练习

<ruby>参差<rt>cēn cī</rt></ruby>（1C-153） <ruby>抵挡<rt>dǐ dǎng</rt></ruby>（1D-351） <ruby>反复<rt>fǎn fù</rt></ruby>（1F-444）

<ruby>仿佛<rt>fǎng fú</rt></ruby>（1F-458） <ruby>流利<rt>liú lì</rt></ruby>（1L-1119） <ruby>威望<rt>wēi wàng</rt></ruby>（1W-1871）

<ruby>慰问<rt>wèi wèn</rt></ruby>（1W-1892） <ruby>纤细<rt>xiān xì</rt></ruby>（1X-1962） <ruby>宣泄<rt>xuān xiè</rt></ruby>（1X-2068）

<ruby>犹豫<rt>yóu yù</rt></ruby>（1Y-2216） <ruby>蜘蛛<rt>zhī zhū</rt></ruby>（1Z-2387） <ruby>吩咐<rt>fēn fù</rt></ruby>（2F-198）

<ruby>尴尬<rt>gān gà</rt></ruby>（2G-218） <ruby>澎湃<rt>péng pài</rt></ruby>（2P-573）

游戏：拍拍手

训练方法：成人与儿童先自己鼓掌两次，而后双方击掌两次，击掌同时朗读词语。拍手速度可逐渐加快。

训练促进点：所学词语多为双声词，音韵和谐，音律性强，通过有规律地拍手形成节奏，朗读词语，带动练习。

训练材料：

<ruby>参差<rt>cēn cī</rt></ruby>（1C-153） <ruby>反复<rt>fǎn fù</rt></ruby>（1F-444） <ruby>威望<rt>wēi wàng</rt></ruby>（1W-1871）

<ruby>慰问<rt>wèi wèn</rt></ruby>（1W-1892） <ruby>宣泄<rt>xuān xiè</rt></ruby>（1X-2068） <ruby>吩咐<rt>fēn fù</rt></ruby>（2F-198）

<ruby>尴尬<rt>gān gà</rt></ruby>（2G-218） <ruby>澎湃<rt>péng pài</rt></ruby>（2P-573）

四、关于声韵复沓的短语发音练习

<ruby>抓娃娃<rt>zhuā wá wa</rt></ruby>（1Z-2447） <ruby>旋转方向<rt>xuán zhuǎn fāng xiàng</rt></ruby>（1X-2071）

<ruby>祭祀仪式<rt>jì sì yí shì</rt></ruby>（2J-308） <ruby>广场旁<rt>guǎng chǎng páng</rt></ruby>（1G-614）

zhè ge chē　　　　　　　　dān biān dan
这个车（1Z-2355）　担扁担（1D-313）

tǐng qīng jìng　　　　　　　qǐ dí zhì lì
挺清净（1T-1809）　启迪智力（1Q-1421）

rào pǎo dào pǎo　　　　　　chī lì zi
绕跑道跑（1R-1512）　吃栗子（1C-224）

fù chū fú wù　　　　　　　xū xīn xué xí
付出服务（1F-513）　虚心学习（1X-2058）

yòng yīng yǔ　　　　　　　yǒu yì yī yuàn
用英语（1Y-2210）　友谊医院（1Y-2221）

游戏：我们一起来

训练方法：准备带有所学短语的卡片，将卡片摆在桌子上。游戏开始，成人对儿童说"我们一起来，我们一起来，今天我们要去干什么呢？"儿童选择一张卡片，例如，"抓娃娃"，说"今天我们一起抓娃娃"。成人可以给儿童适当奖励。

训练促进点：所学短语多为双声词，通过练习发音可以提升儿童说话的流利度；成人与儿童进行互动的游戏方式可增加儿童的游戏兴趣。

训练材料：

zhuā wá wa　　　　　　　rào pǎo dào pǎo
抓娃娃（1Z-2447）　绕跑道跑（1R-1512）

chī lì zi　　　　　　　　fù chū fú wù
吃栗子（1C-224）　　付出服务（1F-513）

xū xīn xué xí
虚心学习（1X-2058）

五、关于声韵复沓的句子发音练习

1. 弟弟长得白白胖胖的。
2. 琉璃很贵。
3. 考试即将来临。
4. 鞭炮噼里啪啦地响。
5. 这个机器破破烂烂的。

游戏：和我一起说

训练方法：准备带有所学短语的卡片，将卡片摆在桌子上。游戏开始，成人对儿童说"和我一起说，和我一起说，你想选择哪张卡片呢？"儿童选择一张卡片，成人读出卡片上的句子，儿童跟读。熟练后可互换角色，由儿童领读。

训练促进点：所学单句多由双声词组成，富有节奏感，反复读之有利于提升儿童发音的流利度。

训练材料：弟弟长得白白胖胖的；琉璃很贵；考试即将来临；鞭炮噼里啪啦地响；这个机器破破烂烂的。

六、关于声韵复沓的语段练习

1. 六十六岁的陆老头，盖了六十六间楼，买了六十六篓油，养了六十六头牛，栽了六十六棵垂杨柳。六十六篓油，堆在六十六间楼；六十六头牛，拴在六十六棵垂杨柳。

2. 张伯伯，李伯伯，饽饽铺里买饽饽，张伯伯买了个饽饽大，李伯伯买了个大饽饽。拿回家里喂婆婆，婆婆又去比饽饽。也不知是张伯伯买的饽饽大还是李伯伯买的大饽饽。

3. 和和口渴要水喝，可可喝水口不渴，和和要喝可可的水，可可的水给和和喝，和和喝水解了渴，谢谢可可给水喝。

4. 司小四和史小世，四月十四日十四时四十上集市，司小四买了四十四斤四两西红柿，史小世买了十四斤四两细蚕丝。司小四说我四十四斤四两西红柿可以增加营养防近视，史小世说我十四斤四两细蚕丝可以织绸织缎又抽丝。

5. 八只小白兔，住在八棱八角八座屋。八个小孩要逮八只小白兔，吓得小白兔，不敢再住八棱八角八座屋。

游戏：兔子乖乖

训练方法：该游戏通过边读边做出相应动作的方式进行，读到标红字体时应重读。成人与儿童相对而坐，一起朗读绕口令，读到"八"时即做出"八"

第十二章 声韵复沓的训练

的手势。读到"小白兔"时举起两根手指放在头顶弯曲三下。

训练促进点：朗读韵律较强的绕口令可以锻炼儿童声韵复沓方面的发音能力；手口配合的游戏方式有利于锻炼儿童肢体协调性。

训练材料：八只小白兔，住在八棱八角八座屋。八个小孩要逮八只小白兔，吓得小白兔，不敢再住八棱八角八座屋。

七、综合巩固

qiū qiān　　　　　　　liú li　　　　　　　luò tuo
秋千（1Q-1475）琉璃（2L-464）骆驼（1L-1166）
hú lu　　　　　　　qīng tíng　　　　　　guāng máng
葫芦（1H-697）蜻蜓（2Q-625）光芒（1G-613）
tān lán　　　　　　　lù zhū　　　　　　　kāng kǎi
贪婪（1T-1753）露珠（1L-1132）慷慨（2K-381）
gěng gài　　　　　　　yā yì　　　　　　　yōu yù
梗概（2G-236）压抑（1Y-2084）忧郁（1Y-2212）
qiāo qiāo　　　　　　xīng xing
悄悄（1Q-1447）猩猩（1X-2033）

yǒu yì yì　　　　　　　　dà dǎn de
有意义（1Y-2222）大胆的（1D-303）
zhèng zài zuò　　　　　　hěn hǎo hē
正在做（1Z-2373）很好喝（1H-669）
xiǎng xiū xi　　　　　　　mǎi miàn mó
想休息（1X-1992）买面膜（1M-1178）
shòu sǔn shī　　　　　　　jī lì zì jǐ
受损失（1S-1656）激励自己（1J-766）
zhèng zài zēng zhǎng　　　zhǎo zǔ zhī
正在增长（1Z-2373）找组织（1Z-2345）
xiáng xì xìn xī　　　　　　dān diào de
详细信息（1X-1987）单调的（1D-312）
jí jiāng jìn jí　　　　　　diào dào dǐ duān
即将晋级（1J-770）掉到底端（1D-369）

1. 爸爸的演讲慷慨淋漓。
2. 他的语言很流利。
3. 哥哥天天学习英语谚语。
4. 虚幻的想象没有实际意义。

5. 妈妈时尚靓丽。

6. 一葫芦酒九两六,一葫芦油六两九。六两九的油,要换九两六的酒,九两六的酒,不换六两九的油。

7. 有个好孩子,拿张图画纸,来到石院子,学画石狮子。一天来画一次石狮子,十天来画十次石狮子。次次画石狮子,天天画石狮子,死狮子画成了"活狮子"。

8. 四和十,十和四,十四和四十,四十和十四。说好四和十得靠舌头和牙齿,谁说四十是"细席",他的舌头没用力;谁说十四是"适时",他的舌头没伸直。认真学,常练习,十四、四十、四十四。

9. 巴老爷有八十八棵芭蕉树,来了八十八个把式要在巴老爷八十八棵芭蕉树下住。巴老爷拔了八十八棵芭蕉树,不让八十八个把式在八十八棵芭蕉树下住。八十八个把式烧了八十八棵芭蕉树,巴老爷在八十八棵芭蕉树边哭。

10. 妈妈种麻,我去放马,马吃了麻,妈妈骂马。

第十三章　呼吸法

一、呼吸法原理

提升儿童言语流利度，其中较为关键的一点就是呼吸和语言的协调配合问题。

人，需要不断吸进氧气，呼出二氧化碳，以满足身体的需求。呼吸时人类的肺部呈现一张一缩的状态，事实上，肺的张缩是跟随胸腔的变化而进行的。胸腔扩大，肺就扩大，胸腔缩小，肺就缩小，而胸腔的扩大与缩小，又是由膈肌和肋骨的肌肉上升和下降导致。膈肌分布在胸腔和腹腔中间，将胸腔和腹腔隔开，膈肌的四周是肌肉，中央是厚膜，在呼气终止的时候，膈肌上升，就像是一口倒放的锅。吸气的时候，膈肌下降，使胸腔扩大，同时，肋骨外层肌肉收缩，使肋骨向上和向前挤压，因而使胸腔的总体空间扩大，胸腔扩大了，肺部自然也就扩大了，因而空气就被吸入肺内，呼气过程则与之相反。

较严重的口吃患者，在呼吸和语言的协调配合上，会出现下面两种现象：一句话的后一阶段，只顾讲话，就顾不到膈肌的下降，使重新吸气的动作发生困难或陷于停顿，形成膈肌向上紧逼的痉挛状态，这是由于口吃造成的心理恐惧和口吃习惯影响，说话时没有换过气来，就急于继续往下讲。

另外，在膈肌下降的末一阶段，膈肌未开始上升就抢着说话，结果导致呼吸紊乱，发生严重吃音，而这是由于还不到呼气时，就抢着往外讲。刚开始可能出于偶然，逐渐会形成强迫性的口吃习惯。

简单来说，上述情况有时是吐尽了气再讲话，音量幽微而又费劲；有时是装足气再讲话，声音强直而又吃力。这样就很容易形成口吃。所以，对口吃患者来说，练好呼吸是至关重要的第一步。

二、呼吸法动作练习

1. 动作准备

矫正口吃需要练习的是腹部呼吸法，又叫作丹田呼吸法。让儿童平躺在垫子上，双手放在腹部，心平气和排除一切杂念，开始深呼吸，吸气时保持慢、长、静，腹部用力向外凸出，不可以断断续续或中途停止。呼气时也要做到慢、长、静，同时腹部徐徐收缩，尽自己的能力呼气，重复上述动作。总之，呼吸时要逐渐做到"悠缓细匀，绵静细长"，让儿童能够感受到自己腹部的起伏，当然要以舒适自然、轻松愉快为度。

游戏：木偶戏

训练方法：儿童舒适地坐好，在成人的声音指示下控制呼吸。成人说"吸气"，匀速拍打三下桌子。随后说"呼气"，匀速拍掌三次。练习五次后，双方角色互换。

训练促进点：通过外部声音引导儿童的呼吸节奏，从而促进迅速呼吸。

三、呼吸法和单字的配合练习

1. 讲几个儿童喜欢的故事或者笑话，做几个小游戏，使儿童全身放松、肌肉松弛，使身体各部分呈现不用力的状态。

2. 发音练习：先深吸一口气，再缓慢呼出，呼气时，随着呼气说出一个韵母为 ā 音的字，如：他、瓦、拉、牙等；然后可以换一个韵母为 ān 的音进行练习，如：南、寒、谭、玩等。

在进行单音练习时应该尽量拖长其尾音，可以使用儿童常见喜爱的字卡。

他（1T-1741） 瓦（1W-1849） 拉（1L-1009） 牙（1Y-2088）
哈（1H-632） 南（1N-1288） 寒（1H-638） 谈（1T-1757）
玩（1W-1856） 蓝（1L-1022）

游戏：且听风吟

训练方法： 准备带有训练字的卡片并叠放好。成人说"吸气"，话音落后匀速拍三下桌子，而后说"呼气"，1~2s 后快速拍掌持续 4~5s。拍掌声响起时，处于呼气状态的儿童一边呼气一边读出卡片单字，并随掌声保持发声状态。一次练习完成后，成人更换下一张卡片继续进行练习。可以根据儿童的熟练度调整拍掌速度。

训练促进点： 游戏能帮助儿童匀速呼吸，调整发音时机。

训练材料：

他^{tā}（1T-1741） 瓦^{wǎ}（1W-1849） 拉^{lā}（1L-1009） 牙^{yá}（1Y-2088）
哈^{hā}（1H-632） 南^{nán}（1N-1288） 寒^{hán}（1H-638） 谈^{tán}（1T-1757）
玩^{wán}（1W-1856） 蓝^{lán}（1L-1022）

四、呼吸法和词语的配合练习

（一）发音练习

先深吸一口气，然后缓慢呼出，呼气时，随着呼气发出第一个音；再来第二个深吸气，缓慢呼出，呼气时缓慢发出第二个音。练习时应该尽量拖长其尾音，可以慢慢缩短两字发音时间，挑选儿童喜爱的事物卡片，如水果卡片"西瓜""苹果"等。

西瓜^{xī guā}（1X-1925） 苹果^{píng guǒ}（1P-1386） 香梨^{xiāng lí}（1X-1983）
橘子^{jú zi}（1J-926） 火龙果^{huǒ lóng guǒ}（1H-749） 白菜^{bái cài}（1B-36）
黄瓜^{huáng guā}（1H-727） 菠菜^{bō cài}（1C-151） 南瓜^{nán guā}（1N-1288）
蘑菇^{mó gu}（1M-1253）

游戏：铃铛叮铃叮铃

训练方法： 准备训练词语对应的图画卡片和一只铃铛。第一次训练时，成人说"吸气"，儿童开始吸气。持续3~4s后，成人敲响铃铛，示意"呼气"，儿童开始呼气。呼气1s后，成人匀速拍两次掌，儿童读出词语的第一个字并随掌声保持发声状态。第二次训练时，儿童在呼气时读出词语的第二个字。第三次训练，随着两次拍掌声，儿童读出完整词语。

训练促进点：游戏通过铃声提示儿童控制呼吸，通过拍掌声提示儿童匀速发音，通过训练步骤的反复帮助儿童提升言语流利度。

训练材料：

西瓜（1X-1925） 苹果（1P-1386） 香梨（1X-1983）
白菜（1B-36） 黄瓜（1H-727） 菠菜（1C-151）
南瓜（1N-1288） 蘑菇（1M-1253）

五、呼吸法和语句的配合练习

1. 儿童可以从简单的内容开始练习，例如，数字发音。先进行单个数字的发音，再循序渐进连在一起发音，注意音与音之间要干脆、清楚，各音均需要独立。

第一步：一、二、三、四、五、六、七、八、九、十

第二步：一二、三四、五六、七八、九十

第三步：一二三、四五六、七八九、十

第四步：一二三四五、六七八九十

第五步：一二三四五六七八九十

……

2. 发音练习：在简单的语句完成后，可以进行稍微复杂的语句练习，如我今天去看电影。这一句中可以在词语间做合理停顿时穿插深呼吸，但是要注意说话节奏的合理性，一定要说完一个词或短语之后再深呼吸，如：我/今天/去看/电影，在"/"处就可以进行一次深呼吸，此处可以使用一些简单的连环图片来引导儿童说话。

1. 我/今天/去看/电影。

2. 妈妈/在做饭。

3. 爸爸 / 在看 / 报纸。

4. 奶奶 / 在跳 / 广场舞。

5. 阿姨 / 去买菜。

游戏：信号灯

训练方法：准备带有训练句的卡片，按照画线提示将卡片内容分成几个部分。游戏开始，儿童自主练习呼吸。成人说"开始"，儿童开始吸气，同时匀速拍桌子表示正在吸气。4~5s 后儿童开始呼气，同时转为拍掌以提示成人正在呼气。第一次拍掌声响起后，成人向儿童展示训练句卡片的第一部分。以此类推进行游戏。

训练促进点：游戏在此前练习的基础上，通过让儿童自主拍桌子、拍手的方式来锻炼儿童控制呼吸的自主意识。分次展示单句卡片有助于儿童循序渐进地提升单句言语流利度。

训练材料：我 / 今天 / 去看 / 电影；妈妈 / 在做饭；爸爸 / 在看 / 报纸；奶奶 / 在跳 / 广场舞；阿姨 / 去买菜。

六、综合巩固

选取简单的十个单字、十个词语、五个简单的句子，用呼吸法进行发音练习。

爸（1B-33） 百（1B-37） 包（1B-59） 彩（1C-149）
餐（1C-154） 大（1D-303） 蛋（1D-320） 饭（1F-448）
帆（1F-438） 钢（1G-541）

眼睛（1Y-2108） 鼻子（1B-85） 嘴巴（1Z-2489）
耳朵（1E-430） 眉毛（1M-1205） 爷爷（1Y-2136）

流利说话我最棒——言语流利度训练

奶(nǎi)奶(nai)（1N-1284） 伯(bó)父(fù)（1B-127） 伯(bó)母(mǔ)（1B-127）
叔(shū)叔(shu)（1S-1663）

1. 弟弟 / 在 / 玩玩具。

2. 花儿 / 开得 / 正好。

3. 太阳 / 公公 / 起床了。

4. 星星 / 弟弟 / 眨眼睛。

5. 明明 / 睡着了。

第十四章 变读法

一、变读法原理

大部分儿童口吃患者都存在几个自己觉得难发的音，每个患者都觉得难发音的词具有一定的特殊性。出现这种现象的主要原因是患者的心理因素，儿童口吃患者发现自己的"难发音"后，会刻意时时回避甚至自己吓自己，认为自己不能正确发音，结果就真的发不出这个音，这是心理与言语的作用与反作用所致，是"草木皆兵"的自惊自扰。"变读法"是一种临时变通的特殊处理方式，能够帮助患者减轻心理压力，进而消除由所谓"难发音"导致的口吃。

二、变读法训练方法

（1）强调：患者遇到自己难发的音时，可将字与字之间的间隔时间拉长一些，用一字一顿的方法去读，或者使用拖音法。

（2）淡化：患者可以把认为难读、难发的音用比其他字音更轻柔和缓的音发出来或者用轻声一带而过。

三、变读法练习

1. 词语练习

guó wáng　　　　　hú luó bo　　　　　piào liang
国　王（1G-628）胡萝卜（1H-694）漂　亮（1P-1375）
chì bǎng　　　　　huà tǒng　　　　　jǐng quǎn
翅　膀（1C-234）话　筒（1H-711）警　犬（1J-905）

huà jiā　　　　　　　　pín qióng　　　　　　　qún zi
画家（1H-710） 贫穷（1P-1380） 裙子（1Q-1502）
cūn zhuāng
村庄（1C-294）

游戏：看图选词

训练方法：将训练材料中的词语和图片分别制作成卡片。游戏通过儿童"看图—选词—读词"推进。成人每次向儿童展示一张图片，儿童从词语卡片中选择与之匹配的卡片，并读出卡片上的词语。儿童在读词过程中出现发音难、发音错误等读音问题，成人可先进行提示，后将出现问题的卡片单独放置，在所有词语进行完毕后，再一次抽取问题卡片，进行巩固。以此类推，直至图片全部展示完毕。

训练促进点：通过图片与词语相结合的方式，转移儿童对难发音字词的注意力，提升其言语流利度；同时，在不断读出相关词语的过程中，实现对相关发音的练习。

训练材料：

cūn zhuāng　　　　　　qún zi　　　　　　　　pín qióng
村庄（1C-294） 裙子（1Q-1502） 贫穷（1P-1380）

2. 短语练习

wén huà jiào yù　　　　　　　liáng shī yì yǒu
文化教育（1W-1895） 良师益友（1L-1081）
sì miàn bā fāng　　　　　　　fēng hé rì lì
四面八方（1S-1705） 风和日丽（1F-481）
tuán jié hé zuò　　　　　　　jiě jué wèn tí
团结合作（1T-1833） 解决问题（1J-872）
gān cuì lì luo　　　　　　　cān kǎo dá àn
干脆利落（1G-531） 参考答案（1C-153）
ài guó shǒu fǎ　　　　　　　rén mín yīng xióng
爱国守法（1A-11） 人民英雄（1R-1515）

游戏：短语连连看

训练方法：将训练材料中的短语按照断句分开，制作成两组卡片。将两组卡片分开摆放，成人从一组中选取，向儿童展示所选取部分，儿童从另一组卡片中选择与之匹配的内容，组合完成无误后读出卡片内容。以此类推，直至短语完全组合完毕。如果儿童在选择卡片时出现问题，成人可进行提示并让其再次选择；如果儿童在短语读音上出现问题，可将所涉及短语单独拿出，在游戏最后带领儿童重新阅读，进一步进行巩固。

训练促进点：儿童通过对短语的选取，增进对相关短语的理解，提升其理解能力；同时在选择、读取的过程中，实现对短语的进一步练习。

训练材料：

人民英雄（1R-1515）爱国守法（1A-11）参考答案（1C-153）

3. 语句练习

1. 小猪扛锄头，吭哧吭哧走。（1X-2004）
2. 水中映着彩霞，水上游着花鸭。（1S-1692）
3. 雨一停我们就出发。（1Y-2238）
4. 春天来临时，山上的雪融化了。（1C-270）
5. 当有人需要帮助时，行动胜于言语。（1D-322）

游戏："谁读得既快又好？"

训练方法：将语句训练材料制作成同样大小的小卡片。游戏通过"抽取卡片—读出卡片内容"推进，在儿童抽取卡片后，成人规定相关时间，使儿童在规定时间内正确读出卡片内容。所规定时间可根据儿童练习程度的不同进行相应调整，可随着练习成效的提高适当缩短时间。如超出规定时间，所涉及句子在游戏最后需重新读出，成人可进行辅助或提示。如果儿童出现读音不准、读音难等问题，成人可在一旁进行提示。

训练促进点：规定时间可以帮助儿童在心理状态较为紧张的情况下，实现对难字发声的克服；在随机、有限制的练习中，学会随机变通，提升儿童

流利说话我最棒——言语流利度训练

言语的流利程度。

训练材料：

1. 当有人需要帮助时，行动胜于言语。
2. 春天来临时，山上的雪融化了。
3. 雨一停我们就出发。

四、综合巩固

骆驼（1L-1166） 幼儿园（1Y-2225）
海洋（1H-634） 钢铁（1G-541）
垂直（1C-268） 月光（1Y-2272）
蝌蚪（2K-390） 画笔（1H-710）
骄傲（1J-847） 小鹰（1X-2004）

坚守原则（1J-810） 配合工作（1P-1353）
宠辱不惊（2C-97） 反应情况（1F-444）
状况百出（1Z-2457） 晒干被子（1S-1565）
走到操场（1Z-2480） 恐怖故事（1K-981）
改正错误（1G-526） 虚心接受（1X-2058）

1. 只要功夫深，铁棒磨成针。
2. 读书破万卷，下笔如有神。
3. 天空中不仅有美丽的月亮，还有闪闪烁烁的星星。
4. 天上的云朵十分好看，一会儿变成小羊，一会儿变成小猫。
5. 星空是那样的壮丽，那样的浩瀚。

第十五章　挪位法

一、挪位法原理

通过改动说话时的语序，将口吃患者自认为发音困难的音节放在句尾，以降低难度，克服心理障碍，一定程度上改善口吃。挪位法是让患者自己教育自己、树立发音信心的自主辅助疗法。

例如，当患者说"大伙一块儿去把东西拉回来"时，第一个字"大"很难发出音，就不妨让他说"一块儿把东西拉回来，大伙"，这样虽然听起来会不顺耳，但是总比憋在当场没法说一个字强，可见，挪位法有助于患者避免陷入窘境，增强其自信心，认识到所谓难发音的音节其实并没有那么难发音，自己完全有能力迈过这个坎儿，最终逐渐达到矫治口吃的效果。

但是为了帮助患者尽量减少口吃次数，挪位法实际上回避了一些困难发音。我们不能让口吃患者一直处在语序混乱的状态下，挪位法只是权宜之计，不能长期作为主要疗法，一旦患者确认过去认为难发音的音节已经不那么难发音的时候，我们就应该进行下一步矫治。

二、挪位法训练方法

挪位法指导口吃患者将自认为发音困难的音节尽量放在句尾，以降低开口难度，克服心理障碍，达到改善口吃的效果。例如，当患者很难说"无论如何，小李不能去"中的"无论"，那我们就先指导他说"小李不能去，无论如何"。

需要注意的是，这种变换语序的方法其实有一些局限和弊端。首先，虽然口吃患者难发音的音节多数在句首或句中，将这些所谓难发音的音节放在句尾一定程度降低了开口的难度，但是不能代表它们放在句尾就一定能发出音来，即使改变了语序，患者可能还是无法对他认为难发音的音节进行正确发音；此外，有些患者的"难发音"的音节其实是在自我暗示下产生出来的，所以，我们的矫治应该是帮助患者消除这种暗示，实际上，将自认为难发音的音节放在句尾的方法一定程度上在强化"自认为难发音"的暗示，而且，患者可能很难在短时间内判断即将说的话里哪些是难发音的音节以及该怎么变换语序，因此他们或者会延长反应时间或者会说话颠三倒四。

所以，患者平时说话不到万不得已无须刻意追求使用须变换语序的挪位法，应该对所谓难发音的音节抱有满不在乎的态度，只要放下思想的负担，大胆实践，那些所谓难发的音也将不再存在。

三、挪位法练习

1. 四字词语练习

不良影响（1B-138） 不着边际（1B-138）

通俗易懂（1T-1811） 稀奇古怪（1X-1934）

社会生活（1S-1589） 回味无穷（1H-735）

整齐划一（1Z-2372） 博大精深（1B-131）

红火热闹（1H-678） 不忘初心（1B-138）

游戏：魔术识字

训练方法：将训练材料分别做成卡片。找一个装饰漂亮的袋子，告诉儿童这是个神奇的袋子，里面能变出很多好东西，请儿童注意看。神秘地在袋子里摸几下后，拿出一张卡片然后拿出两张、三张……逐一让儿童念完，并数数有几张字卡，再变出礼物发给儿童。

训练促进点：通过魔术游戏、实物奖品等趣味形式，激发儿童参与游戏活动的积极性和主动性，使其全身心专注地投入游戏活动中；在游戏活动中

第十五章 挪位法

帮助孩子接触到挪位法的训练方式，提升儿童的言语流利度。

训练材料：

不良影响（1B-138）　不着边际（1B-138）

通俗易懂（1T-1811）　稀奇古怪（1X-1934）

社会生活（1S-1589）　回味无穷（1H-735）

整齐划一（1Z-2372）　博大精深（1B-131）

红火热闹（1H-678）　不忘初心（1B-138）

2. 短句练习

1. 不忘初心、砥砺前行。
2. 沉迷网络对青少年有不良影响。
3. 挑食不是好习惯。
4. 近年来身材焦虑传播开来。
5. 感谢你教我走路伴我成长。
6. 应该从根源上解决校园暴力问题。
7. 吸烟有害健康是真的。
8. 不能只靠课程成绩评价孩子。
9. 家长在孩子的成长中扮演重要的角色。
10. 不良睡姿会影响孩子长高的。

游戏：说说指指

训练方法：将训练材料制作成卡片，平铺在桌子上；一个孩子指一张卡片，另一个孩子读那张卡片上的内容，读完一部分卡片后，双方可角色交换继续进行游戏，直至读完所有训练材料。

训练促进点： 双方互动的游戏形式，能够提高儿童参与训练的互动感和陪伴感；指和读相结合的训练方法，有助于促进儿童的感官协调能力，提升训练效果。

训练材料：

1. 沉迷网络对青少年有不良影响。
2. 近年来身材焦虑传播开来。
3. 感谢你教我走路伴我成长。
4. 应该从根源上解决校园暴力问题。

3. 长句练习

1. 未来的路是好是坏都必须拿出独自走下去的勇气和准备。
2. 对未来真正的慷慨是把一切献给现在。
3. 成功就是走过了所有通向失败的路后只剩下的那一条路。
4. 每一件与世不同的绝世好东西都是以无比寂寞的勤奋为前提的。
5. 行动是治愈恐惧的良药，而犹豫拖延将不断地滋养恐惧。
6. 志在山顶的人不会贪恋山腰的风景。
7. 他们只会用向上的姿态来完成自己。
8. 放弃不难，但坚持会很酷，更何况容易走的只有下坡路。
9. 日出之美在于它脱胎于最深的黑暗。
10. 你期待的曙光也一定在一阵夜幕后。
11. 不管前方的路有多苦，只要走的方向正确，不管多么崎岖不平，都比站在原地更加幸福。

游戏：你读我拍

训练方法：将训练材料制作成卡片，置于桌子上或贴于墙上。成人随机阅读训练材料中的一句话，儿童找到相对应的卡片后用手击拍，击拍之后读出卡片上的内容。依次重复。

训练促进点：游戏通过"你读我拍"的训练方式激发儿童阅读文字材料的动力，提升训练效率；同时促进儿童手、眼、脑协调能力的提升。

训练材料：

1. 未来的路是好是坏都必须拿出独自走下去的勇气和准备。
2. 对未来真正的慷慨是把一切献给现在。
3. 成功就是走过了所有通向失败的路后只剩下的那一条路。
4. 行动是治愈恐惧的良药，而犹豫拖延将不断地滋养恐惧。

四、综合巩固

1. 四字词语练习

风轻云淡（1F-481） 波澜壮阔（1B-122）
花团锦簇（1H-704） 专心致志（1Z-2449）
两小无猜（1L-1085） 风景如画（1F-481）
阳光明媚（1Y-2120） 形单影只（1X-2036）
奇思妙想（1Q-1414） 一意孤行（1Y-2145）

2. 短句练习

1. 我们在风中紧紧拥抱。
2. 孩子喜欢探索未知的领域。

3. 美味的食物可以治愈一天的不开心。
4. 我幻想有一天骑着扫帚飞上天空。
5. 生命可以随心所欲但不能随波逐流。
6. 有你在的下雨天也很可爱呢。
7. 要笑啊，快乐其实很简单。
8. 生活坏到一定程度就会好起来。
9. 《千与千寻》是一部优秀的电影。
10. 宫崎骏创作了很多优秀的动画。

3. 长句练习

1. 人生至善，就是对生活乐观，对工作愉快，对事业兴奋。
2. 让坚持成为一种习惯，让放弃成为一种奢侈，让勤奋成为一种自然，让懒惰成为一种异闻。
3. 凡过于把幸运之事归于自己的聪明和智谋的人多半结局是很不幸的。
4. 道德可以弥补知识的不足，但是知识却无法填补道德的空白。
5. 成长是一笔交易，我们都是用朴素的童真与未经人事的洁白交换长大的勇气。
6. 青春是淋一场大雨，即使淋感冒了还是会盼望再淋一次。
7. 眼睛为她下着雨，心却为她打着伞，这就是爱情。
8. 一个人知道自己为什么而活，就可以忍受任何一种生活。

9. 幸运的时机好比市场的交易，只要你稍有延误它就掉价了。

10. 爱不是寻找一个完美的人，而是学会用完美的眼光欣赏一个并不完美的人。

第十六章　手指法和写诵法

一、手指法和写诵法的原理

手指法能借助患者自身发音器官的机械控制达到调节发音频率的目的，使患者从说话急猛逐步变为说话平缓。患者在进行口语表达时，用一只手的大拇指指尖依次历数其余四个手指的指尖，每点数一个指就同时发出一个音节。用大拇指指尖依次点数其余四指时，应注意掌握合理的节奏和速度；同时要掌握点数手指的清晰度，不能囫囵而过。运用手指法独立进行发音练习熟练后，可以用手指法与人交谈。

写诵法的原理是借助患者说话的同时用笔或手指写出要说的话或其中一部分字来达到控制发音速度的目的。写话总比说话慢，患者边说边写出的句子或字词就必须多用一些时间，进而能够有效控制说话速度；此外，写诵法能在一定程度上转移患者注意力，并帮助患者实现呼吸的调整。

二、手指法和写诵法的训练方法

【手指法】

患者在进行口语表达时，用一只手的大拇指指尖依次数其余四个手指的指尖，每点数一个指尖就同时发出一个音节，口吃程度较重的患者速率应保持在一秒钟一个。用大拇指指尖依次点数其余四指时，应注意掌握合理的节奏和速度；同时要掌握点数手指的清晰度，不能囫囵而过。手指法可以放在体侧或体后进行，使之隐蔽化，开始练习此法可能十分不习惯，但一定要坚持下去，严格按照要求去做，按照患者口吃程度进行练习。运用手指法独立进行发音练习熟练后，可以用手指法与人交谈。

第十六章 手指法和写诵法

【写诵法】

患者说话时，用手指在膝盖、另一只手的手心、白纸或者桌面上写下自己要说的话或者一部分字；起初可以多写几个字甚至可以把一句话写完，随着口吃程度逐渐减轻，可以过渡到少写几个字；从写诵短句过渡到写诵长句；对写诵法的运用要长期坚持，不能偶尔使用；可以从独立的写诵过渡到人际交往中运用写诵法。

三、手指法练习

1.

A	B	C	D
wǒ 我	shì 是	nǚ 女	hái 孩

2.

A	B	C	D
wǒ 我	shì 是	nán 男	hái 孩

3.

A	B	C	D
wǒ 我	shì 是	xué 学	shēng 生

4.

A	B	C	D
wǒ 我	shì 是	lǎo 老	shī 师

5.

A	B	C	D
tā 他	shì 是	bà 爸	ba 爸

6.

A	B	C	D
tā 她	shì 是	mā 妈	ma 妈

7.

A	B	C	D
tā 她	shì 是	jiě 姐	jie 姐

8.

A	B	C	D
wǒ 我 guǒ 果	xǐ 喜	huān 欢	píng 苹

9.

A	B	C	D
wǒ 我 jiāo 蕉	xǐ 喜	huān 欢	xiāng 香

10.

A	B	C	D
wǒ 我 nǎi 奶	xǐ 喜	huān 欢	niú 牛

11.

A	B	C	D
wǒ 我 wén 文	xǐ 喜	huān 欢	yǔ 语

12.

A	B	C	D
wǒ 我	xǐ 喜	huān 欢	shǔ 数
xué 学			

13.

A	B	C	D
wǒ 我	néng 能	zì 自	jǐ 己
chuān 穿	yī 衣	fu 服	

14.

A	B	C	D
wǒ 我	kě 可	yǐ 以	zì 自
jǐ 己	shuā 刷	yá 牙	

15.

A	B	C	D
wǒ 我	néng 能	gòu 够	zuò 做
xǔ 许	duō 多	jiā 家	wù 务

16.

A	B	C	D
wǒ 我	xǐ 喜	huān 欢	měi 每
tiān 天	qù 去	xué 学	xiào 校

17.

A	B	C	D
wǒ 我	chóng 崇	bài 拜	shǔ 数
xué 学	lì 厉	hài 害	de 的

| rén
人 | | | |

游戏：节奏大师

训练方法：准备一个简易节拍器，将初始节拍调整为2/4的慢拍，让儿童根据节拍用一只手的大拇指指尖依次数其余四个手指的指尖，每点数一个指尖就同时发出一个音节，按照节奏顺利念出一个短语或句子即为成功。多次顺利读出句子后可进行奖励。在该节拍已经流畅熟练掌握后，可以将节拍器的节奏慢慢增快。

训练促进点：根据节拍帮助儿童掌握合理的节奏和速度，同时要掌握点数手指的清晰度，让儿童熟悉说话的节奏，不再过快或过慢，并且适应循序渐进的训练步骤。

四、写诵法练习

bǎo　　　　　bì　　　　　cán　　　　　cháng
堡（1B-64） 币（1B-89） 蚕（1C-156） 肠（1C-186）
chuán　　　　chuàn　　　　dǎ　　　　　dòng
船（1C-260） 串（1C-262） 打（1D-302） 冻（1D-386）
fàn　　　　　fú
饭（1F-448） 福（1F-505）

　　　　　qīng chè de hú pō
1. 清澈的湖泊
　　　　　hóng hóng de píng guǒ
2. 红红的苹果
　　　　　nèn lǜ de xiǎo cǎo
3. 嫩绿的小草
　　　　　ruǎn ruǎn de shā fā
4. 软软的沙发
　　　　　hòu zhòng de shū jí
5. 厚重的书籍
　　　　　wān wān de yuè liang xiàng xiǎo chuán
6. 弯弯的月亮像小船。
　　　　　qiē kāi de xī guā hěn yòu rén
7. 切开的西瓜很诱人。
　　　　　xiǎo niǎo zài kōng zhōng fēi lái fēi qù
8. 小鸟在空中飞来飞去。

9. 远处的霓虹灯正在闪烁。

10. 冬眠的小动物在春天醒来了。

游戏：迷宫闯关

训练方法：准备若干方格纸，剪成字数为10~30字的蛇形形状，训练者读出字词或短语，让儿童在蛇形纸上边说边写出所听到的字，写到纸张尽头时迷宫闯关成功。儿童起初可以多写几个字甚至可以把一句话写完，随着口吃程度逐渐减轻，可以过渡到少写几个字。从写诵短句过渡到写诵长句。

训练促进点：这个游戏可以训练儿童对阅读表达速度的掌控能力，可以从独立的写诵过渡到人际交往中运用写诵法，使儿童在循序渐进的训练过程中熟悉对于速度的把握。

五、综合巩固

（一）手指法

1.

A	B	C	D
wǒ 我	ài 爱	gē 哥	ge 哥

2.

A	B	C	D
wǒ 我	ài 爱	nǎi 奶	nai 奶

3.

A	B	C	D
wǒ 我	ài 爱	tǐ 体	yù 育

4.

A	B	C	D
wǒ 我	ài 爱	xué 学	xí 习

5.

A	B	C	D
tā 他	ài 爱	láo 劳	dòng 动

6.

A	B	C	D
tā 她	ài 爱	tiào 跳	wǔ 舞

7.

A	B	C	D
tā 她	ài 爱	yé 爷	ye 爷

8.

A	B	C	D
wǒ 我	xǐ 喜	huān 欢	chàng 唱
gē 歌			

9.

A	B	C	D
wǒ 我	xǐ 喜	huān 欢	hóu 猴
zi 子			

10.

A	B	C	D
wǒ 我	xǐ 喜	huān 欢	nǎi 奶
niú 牛			

11.

A	B	C	D
wǒ 我	xǐ 喜	huān 欢	xiǎo 小
māo 猫			

12.

A	B	C	D
我 wǒ	喜 xǐ	欢 huān	物 wù
理 lǐ			

13.

A	B	C	D
我 wǒ	能 néng	自 zì	己 jǐ
去 qù	上 shàng	学 xué	

14.

A	B	C	D
我 wǒ	可 kě	以 yǐ	自 zì
己 jǐ	梳 shū	头 tóu	

15.

A	B	C	D
我 wǒ	能 néng	够 gòu	做 zuò
许 xǔ	多 duō	作 zuò	业 yè

16.

A	B	C	D
我 wǒ	喜 xǐ	欢 huān	每 měi
天 tiān	去 qù	游 yóu	乐 lè
场 chǎng			

17.

A	B	C	D
我 wǒ	崇 chóng	拜 bài	语 yǔ

wén 文	lì 厉	hài 害	de 的
rén 人			

（二）写诵法

gōng（1-G-572） guàn（1-G-612） gǔ（1-G-593） huā（1-H-704）

hóu（1-H-685） jiǎn（1-J-817） jīn（1-J-878） kēng（1-K-978）

kùn（1-K-1005） làng（1-L-1032）

yōu měi de yīn yuè kuān sōng de yī fu
优美的音乐 宽松的衣服
dà dà de zhuō zi guǎng kuò de tián yě yīng yǒng de zhàn shì
大大的桌子 广阔的田野 英勇的战士

dà jiē shàng rén lái rén wǎng fēi cháng rè nao
1. 大街上人来人往，非常热闹。
xiān huā diǎn zhuì le měi lì de fēng jǐng
2. 鲜花点缀了美丽的风景。
kāi fàng de shuì lián rú yīng ér bān làn màn
3. 开放的睡莲如婴儿般烂漫。
shū běn chéng zài le fēng fù de zhī shi
4. 书本承载了丰富的知识。
diàn nǎo shì xīn shí dài de shēng chǎn gōng jù
5. 电脑是新时代的生产工具。

第十七章　随读法

一、随读法的原理

随读法是一种通过模仿标准录音来调控发音频率的辅助矫治方法。我们将一段话分割成若干彼此独立的句子，让患者一边听录音，一边对文稿进行跟读，再利用句子与句子之间停顿的半分钟进行复诵，这有利于患者逐步形成说话的韵律感。

相较于之前的写诵法，随读法难度稍高，且较灵活。一般中度、重度的口吃患者应该在练习、掌握写诵法的基础上再进行随读矫治。两种方法的配合和进阶使用，能够帮助患者在反复的练习中形成较稳定的语流和恰当的语速。

二、随读法的练习方法

运用分隔符号将一段话分割成若干句彼此独立的小句，再由普通话标准的人员录制相关材料的读音，要求吐字清晰、速度适中，方便患者跟读。刚开始进行随读时，要将播放的速度适当放慢，随着随读时间的增长逐渐加快速度直至正常语速。随读之后，利用句与句之间的半分钟间隔，严格按照要求进行复读，调整好呼吸后再读下一句。

三、语句练习

1. 妈妈答应 / 小丽这周六下午带她去书店买书。
2. 面对困难的数学题 / 小明没有选择放弃 / 而是通过自己

的思考得到正确答案。

3. 对于飞飞的道歉／小红选择原谅他。
4. 丽丽是一个勤劳的小孩／经常在课余时间帮爸爸妈妈做家务。
5. 当壮壮认识到自己的错误时／梦梦已经和他生气了。
6. 对于即将到来的期末考试／小雅胸有成竹。
7. 小李十分热爱传统文化／经常主动科普宣传传统文化。
8. 体育课上／老师带领大家做了"丢手绢"这个游戏。
9. 这次的考试美美没有发挥好／但是她并没有气馁。
10. 小明从小就有一个梦想／希望长大了能成为一名宇航员。

游戏：亲子播音

训练方法：播放训练音频后，成人与儿童交替在音频停顿处跟读。双方各自累积错误次数，练习结束后进行评比并给予奖励。

训练促进点：游戏以成人儿童交替随读和练后评比的方式来提升儿童的游戏兴趣。

训练材料：

1. 对于飞飞的道歉／小红选择原谅他。
2. 丽丽是一个勤劳的小孩／经常在课余时间帮爸爸妈妈做家务。
3. 体育课上／老师带领大家做了"丢手绢"这个游戏。
4. 小明从小就有一个梦想／希望长大了能成为一名宇航员。

四、语段练习

1. 星期一放学后／小飞走在回家的路上／突然／他看到地上有一个钱包／小飞站在原地等了一会儿／发现没人来寻找这个钱包／于是小飞捡起钱包放进书包中／快速地走回家寻求妈妈的帮助／在妈妈的帮助下／小飞将钱包交给了警察叔叔／并于第二天寻找到了钱包的主人／听着失主和警察叔叔的夸奖／小飞开心地笑了。

2. 体育课的时候／一阵风将小明书桌上的试卷吹到地上／小明却误会是留在班级里的娜娜做的／于是他把娜娜桌子上的书扔到了地上／娜娜没有和他计较／而是主动向小明解释清楚了事情的经过／明白了事情真相的小明向娜娜道了歉／帮助娜娜捡起了书／两个人重归于好。

3. 有一天／一只小青蛙在河边唱歌／忽然／它的歌声吸引了一条爱听歌的小蛇／小蛇一把抓住小青蛙准备吃了它／小青蛙大声说／"蛇先生／能让我去水里唱最后一支歌吗"／小蛇问／"你会游泳吗"／小青蛙说／"不会／我一到水里就会淹死"／然后小青蛙立马跳入水中游走了。

4. 一语未了／只听后院中有人笑声／说／"我来迟了／不曾迎接远客"／黛玉纳罕道／"这些人个个皆敛声屏气／恭肃严整如此／这来者系谁／这样放诞无礼？"

（选自小说《红楼梦》，作者曹雪芹）

5. 有一天／我在家听到敲门／开门看见老王直僵僵地镶嵌在门里／往常他坐在蹬三轮的座上／或抱着冰弯着身子进我家来／不显得那么高／也许他平时不那么瘦／也不那么直僵僵的／他面如死灰／两只眼上都结着一层翳／分不清哪一只瞎／哪一只不瞎／说得可笑些／他简直像棺材里倒出来的／就像我想象里的僵尸／骷髅上绷着一层枯黄的干皮／打上一棍就会散成一堆白骨。

（选自文章《老王》，作者杨绛）

游戏：森林广播员

训练方法：准备带有训练语段的卡片，成人与儿童在训练前要熟悉卡片内容。游戏开始，成人播放训练音频，儿童扮演小广播员进行跟读，向自己的专属观众（成人、玩具……）转播语段。

训练促进点：游戏通过"播音员转播"的情境设置来提升儿童的训练兴趣，进行随读法的训练。

训练材料：

一语未了／只听后院中有人笑声／说"我来迟了／不曾迎接远客"／黛玉纳罕道／"这些人个个皆敛声屏气／恭肃严整如此／这来者系谁／这样放诞无理？"

五、语篇练习

1. 饥饿的老虎在森林里觅食／忽然看到有一只狐狸正在散步／它便毫不费力地将狐狸捉了过来。当它张开嘴巴／准备吃掉那只狐狸时／狡猾的狐狸开口说／"你不要以为自己是森林之王／天帝已经任命我为王中之王／无论谁吃了我／都会受到严厉的惩罚"／老虎听了狐狸的话／半信半疑／可是当它斜过头去／看到狐狸那傲慢镇定的样子／心里不觉一惊。

这时／狐狸看到老虎迟疑不敢吃它／便挺起胸膛说道／"你跟我来／走在我后面／看看所有野兽见了我／是不是都魂不附体"／老虎同意了狐狸的提议／走在狐狸身后／森林里的小动物看到了狐狸身后的老虎／都大惊失色／四散狂奔／老虎以为狐狸真的是天帝任命的王中之王／便放走了它。

（改写自寓言故事《狐假虎威》）

2. 古时候有个大官叫曹操／别人送他一头大象／他很高兴／带着儿子和官员们一同去看。

大象又高又大／身子像一堵墙／腿像四根柱子／官员们一边看一边议论／"这么大的象／到底有多重呢？"

曹操问／"谁有办法把这头大象称一称"／有的说／"得造一杆大秤／砍一棵大树做秤杆"／有的说／"有了大秤也不行啊／谁有那么大的力气提得起这杆大秤呢"／也有的说／"办法倒有一个／就是把大象宰了／割成一块一块的再称"／曹操听了直摇头。

曹操的儿子曹冲才七岁／他站出来，说／"我有个办法／把大象赶到一艘大船上／看船身下沉多少／就沿着水面／在船舷上画一条线／再把大象赶上岸／往船上装石头／装到船下沉到画线的地方为止／然后称一称船上的石头／石头有多重／大象就有多重。"

曹操微笑着点一点头／他叫人照曹冲说的办法去做／果然称出了大象的重量。

（改写自寓言故事《曹冲称象》）

3. 从前，有只乌鸦到处找水喝／它遇见一个小猪／小猪问／"乌鸦你要去哪里呀？"

乌鸦说／"我要去找水喝／你看到哪里有水吗"／小猪说／"我从东边过来／东边的河都干了／你去飞飞看／看有没有水喝"／小乌鸦飞呀飞／遇到一个干死的鱼／它把小鱼背到它背上／决定跟它一起去找水喝／小乌鸦飞呀飞／找到一个水瓶／可是瓶子太深／喝不到水／小乌鸦开始思考／它找了一大堆石头／放了一颗、两颗、三颗、四颗、五颗……十颗。

它又捡了许多石头／终于喝到了水／它浑身充满了力气／开心极了／原来只要肯动脑／就能喝到水啦！

（文章改写自人教版2016年语文一年级上册课文《乌鸦喝水》）

4. 狐狸在树林里找吃的／它来到一棵大树下／看见乌鸦正站在树枝上／嘴里叼着一片肉／狐狸馋得直流口水。

它眼珠一转／对乌鸦说／"亲爱的乌鸦／您好吗"／乌鸦没有回答。

狐狸赔着笑脸说／"亲爱的乌鸦／您的孩子好吗"／乌鸦看了狐狸一眼／还是没有回答。

狐狸又摇摇尾巴说／"亲爱的乌鸦／您的羽毛真漂亮／麻雀比起您来／可就差多了／您的嗓子真好／谁都爱听您唱歌／您就唱几句吧。"

乌鸦听了狐狸的话／非常得意／于是就唱了起来／"哇……"乌鸦刚一开口／肉就掉了下来／狐狸叼起肉／一溜烟跑掉了。

（选自童话故事《乌鸦与狐狸》）

5. 唐僧师徒四人为取真经 / 行至白虎岭前 / 在白虎岭内 / 住着一个尸魔白骨精 / 为了吃唐僧肉 / 先后变幻为村姑 / 妇人 / 全被孙悟空识破 / 白骨精害怕 / 变作一阵风逃走 / 孙悟空把村姑 / 妇人的假身统统打死 / 但唐僧却不辨人妖 / 反而责怪孙悟空恣意行凶 / 连伤母女两命 / 违反戒律 / 第三次白骨精又变成白发老公公 / 又被孙悟空识破打死 / 唐僧写下贬书 / 将孙悟空赶回了花果山。

（改写自《西游记》，作者吴承恩）

游戏：淘金猎人

训练方法：

准备带有跟读语篇的卡片，将卡片按照段落分解成几个部分。一个语篇为一组卡片。成人随机藏起一组卡片，藏好后计时10分钟，儿童扮演淘金猎人，在规定时间内收集尽量多的卡片。而后计时7分钟，儿童在规定时间内将卡片按照逻辑顺序排列。计时结束后，成人播放训练音频，儿童随读。完成一组卡片获得5积分，出现一次逻辑错误扣掉1分。游戏结束后按照积分进行奖励。

训练促进法：

"淘金猎人"游戏融合了"捉迷藏"和时间限制、积分奖励等趣味元素，有助于提升儿童的参与兴趣；将打乱的段落进行排序的游戏环节有利于锻炼儿童的阅读和逻辑思维能力，同时帮助儿童熟悉语篇内容，在此基础上进行随读法训练，有利于提升训练效果。

训练材料：

1. 饥饿的老虎在森林里觅食 / 忽然看到有一只狐狸正在散步 / 它便毫不费力地将狐狸捉了过来。

当它张开嘴巴 / 准备吃掉那只狐狸时 / 狡猾的狐狸开口说 / "你

不要以为自己是森林之王／天帝已经任命我为王中之王／无论谁吃了我／都会受到严厉的惩罚"／老虎听了狐狸的话／半信半疑／可是当它斜过头去／看到狐狸那傲慢镇定的样子／心里不觉一惊。

这时／狐狸看到老虎迟疑不敢吃它／便挺起胸膛说道／"你跟我来／走在我后面／看看所有野兽见了我／是不是都魂不附体"／老虎同意了狐狸的提议／走在狐狸身后／森林里的小动物看到了狐狸身后的老虎／都大惊失色／四散狂奔／老虎以为狐狸真的是天帝任命的王中之王／便放走了它。

2. 古时候有个大官叫曹操／别人送他一头大象／他很高兴／带着儿子和官员们一同去看。

大象又高又大／身子像一堵墙／腿像四根柱子／官员们一边看一边议论／"这么大的象／到底有多重呢？"

曹操问／"谁有办法把这头大象称一称"／有的说／"得造一杆大秤／砍一棵大树做秤杆"／有的说／"有了大秤也不行啊／谁有那么大的力气提得起这杆大秤呢"／也有的说／"办法倒有一个／就是把大象宰了／割成一块一块的再称"／曹操听了直摇头。

曹操的儿子曹冲才七岁／他站出来，说／"我有个办法／把大象赶到一艘大船上／看船身下沉多少／就沿着水面／在船舷上画一条线／再把大象赶上岸／往船上装石头／装到船下沉到画线的地方为止／然后称一称船上的石头／石头有多重／大象就有多重。"

曹操微笑着点一点头／他叫人照曹冲说的办法去做／果然称出了大象的重量。

六、综合巩固

（一）语句练习

1. 今天学校宣布开学了／妈妈要带小红去买课本和文具。
2. 脱口秀逐渐进入大众视野／演员把痛苦的经历变成段子是一种幸运。

（选自新京报公众号）

3. 全国爱牙日呼吁人们养成良好习惯／保持口腔健康。
4. 操场上／有的孩子在跑步／有的孩子在跳皮筋／有的孩子在捉迷藏。
5. 今年以来／面对更趋复杂严峻的国内外形势／我国科技政策加快扎实落地／重大科技成果不断涌现／科技成果转移转化体系加快完善／支撑经济稳步增长持续发力。
6. 人生途中／总有一些时刻／让我们觉得进退维谷。
7. 世界上的一切并非都是尽善尽美的／而是美丑共存的。
8. 梵高像夸父追逐着自己的太阳／在一幅幅画布上挥洒着自己的热血和激情／将痛苦沉淀成伟大。
9. 中秋节是个阖家团圆的日子／"但愿人长久／千里共婵娟"／是人们共同的心愿。
10. 在绿色生态城市建设方面／上海成功研制亚洲首台11兆瓦直驱海上风电机组／在全国率先启动低碳科技攻关布局／发起成立上海碳中和创新联盟／推动绿色技术银行建设。

（选自中国发展网）

（二）语段练习

1. 小城里每个庭院都栽了很多树／有桉树／椰子树／橄榄树／凤凰树／还有别的亚热带树木／初夏／桉树叶子散发出来的香味／飘得满街满院都是／凤凰树开花了／开得那么热闹／小城好像笼罩在从天际飘来的一片片红云中。

2. 童第周二十八岁的时候／得到亲友的资助／到比利时去留学／跟一位在欧洲很有名的生物学教授学习／一起学习的还有别的国家的学生／旧中国贫穷落后／在世界上没有地位／外国学生瞧不起中国学生／童第周暗暗下决心／一定要为中国人争气。

3. 我坐在阳台上看书／不知什么时候／太阳公公已悄悄地躲在山后了／我顺着霞光往南望去／看傲然挺立的高山的山壁／我望着那如绸的霞／听着大院里的树叶"沙沙"的响声／已如醉如痴／当我再次抬起头仰望天空时／竟然有几颗忽隐忽现的小星星在调皮地眨着眼睛了。

（选自公众号帝源教育）

4. 这星期轮到我班升旗了／老师会选谁升旗呢／老师选了我／我真自豪／我向国旗走去／耳边响起国歌／我兴奋得几乎抓不住绳子／随着国歌／红旗上升／我暗下决心／从现在起我也要为国旗争光／第一次升旗／将永远留在我记忆之中。

（选自公众号帝源教育）

5. 华罗庚教授是一位自学成才的著名的数学家／20岁那年／华罗庚得了伤寒病／一躺就是半年／病好后／一条腿残疾／但他毫不泄气／继续向科学城堡进攻／他14岁开始自学数学／每天坚持自学／从不间断／从19岁起／华罗庚开始写数学论／1932年／22岁的华罗庚应清华大学数学系主任熊庆来的邀请／到清华大学工作／在清华期间／他看了更多的数学书／并开始学习外文／由于他肯下苦功／进步很快／25岁时／华罗庚就成了著名的数学家。

（选自公众号勤优教四年级语文）

（三）语篇练习

1. 古时候／天上有十个太阳／晒得地面寸草不生／人们热得受不了／就找一个箭法很好的人射掉九个／只留下一个／地面上才不那么热了／其实／太阳离我们有一亿五千万公里远／到太阳上去／如果步行／日夜不停地走／差不多要走三千五百年／就是坐飞机／也要飞二十几年／这么远／箭哪能射得到呢？

我们看太阳／觉得它并不大／实际上它大得很／一百三十万个地球才能抵得上一个太阳／因为太阳离地球太远了／所以看上去只有一个盘子那么大。

太阳会发光／会发热／是个大火球／太阳的温度很高／表面温度有六千摄氏度／就是钢铁碰到它／也会变成汽／中心温度估计是表面温度的三千倍。

（选自公众号小学语文考点）

2. 我读到一篇英国课文／讲的是蚂蚁。

蚂蚁家族和和睦睦／忙忙碌碌／母蚁生儿／公蚁持家／它们在原野／荒滩上搬运食物／建设家园／想不到小小生灵／竟活得如此滋润／活得如此有秩序有意义／尤其令我震惊的是它们面对灾难时的行为。

当野火烧起来的时候／你知道蚂蚁是如何逃生的吗／众多的蚂蚁迅速聚拢／抱成黑团／然后像雪球一样飞速滚动／逃离火海。

每读起这段文字／我就泪眼模糊／深为它们的行为所感动／我仿佛看见汹涌的火山在烧／一团黑风正沿着山脊流动／我仿佛听见噼里啪啦的烧焦声／那是最外一层的蚂蚁用躯体开拓求生之路。

没有抱成团的智慧／没有最外一层的牺牲／渺小的蚂蚁家族会全军覆灭。

生命的微小／体力的单薄没有什么可怕／甚至命运的卑微也不能决断什么／可怕的是看不到微薄的力量／忽视了内在的精神。

敬重卑微／使我把生命看得严肃／看得深刻／看得伟大而坚强／像一根细小的针／蚂蚁以它的精神穿过我的外衣／刺痛我的灵魂／比起蚂蚁／我们有什么理由言渺小／说卑微／有什么理由自暴自弃／玩世不恭？

（选自微信公众号巧学语文《敬重卑微》）

3. 有人说现代的儿童普遍有个共同倾向／就是把大部分时间花费在看电视和看漫画书上／而不喜欢阅读文字比较多的书籍。

这样的孩子／外表看起来聪明伶俐／见闻广博／但缺乏深入思考的耐心／知识虽多但流于肤浅／反应虽敏捷却未经推敲思索。

造成这种现状的原因很多／影视器材的进步使人们毫不费力地坐在荧光屏前／就可获得无奇不有的各种知识／也可以轻松愉快地在短短的时间内欣赏完一部文学作品／相形之下／阅读书籍就成为辛苦／乏味／寂寞的事了／因此／能够静下心来聚精会神读书的儿童／也就愈来愈少了。

在读小说时所感受的是细致的／隽永的语言文字之美／而且又有深邃的思想／永恒的感情／至于影片和卡通／虽然也带给你艺术之美和另一种震撼／但欣赏的过程却是瞬间的／粗略的。

如果把阅读比喻成细嚼慢咽的宴席／电视前的观赏就是便捷的快餐／是可口的零食／一样是吃的享受／韵味却不相同。

现代人的求知和文学欣赏的方式已变得多姿多彩／不过／千万不要忘记阅读书籍仍然是求学问的主要方法／更是文学欣赏的最佳途径／但愿你能确实养成良好的阅读习惯／走进书里去。

（选自微信公众号语文阅读《走进书里去》）

4. 在我的记忆深处／父亲有些绝活儿。

父亲没学过美术绘图／可他裁布料用画粉时／总是从容果断／父亲擅长做开襟衣衫／他最得意的是做得一手漂亮盘扣／男服用蜻蜓扣／女服多用蝴蝶扣／菊花扣／还有男女通用的琵琶

扣／树枝扣／一个个蜻蜓头／一对对蝴蝶结／公扣母扣／结对成双／这种衣服全用布扣／杜绝塑料扣子或有机玻璃扣子／着实漂亮。

他的裁缝工具很简单／裁剪刀／竹尺／皮尺／画粉／手针／顶箍／再就是熨斗／父亲剪裁时轻松自如／用剪吃布很干脆——这像极了农夫耕田犁地／当犁尖插入土地／只听得一声吆喝／那黑色土壤便顺着犁头往右翻去。

剪裁用的案板是杉木的／那案面上有许多凹坑／密密麻麻／有次我看到父亲握着剪刀／在画有纵横交错线条的布面上／让剪刀随意地疾走／剪刀在案面上发出"咚咚咚"的声响／顿一下／布面一个窝／案板上一个坑。

除了在家等客上门做衣／很多时候是做"乡工"／这种方法是按天计收工钱／东家只管三顿饭／不需一件件算钱／但父亲并没有因此懈怠／只管埋头干活／平常东家客气／也有上烟上酒的／可父亲从来不沾／只吃些茶饭。

早年／父亲行走乡里一直是手工制作／后来母亲加盟／不久有了缝纫机／一台"蝴蝶"牌缝纫机与他们"白头偕老"／父亲担纲剪裁／母亲负责缝制／从此父母同出同归／小时候我还没念书／就经常随父母去做"上门工"／一大早／东家挑一副挑子走在前头／一头是缝纫机头／一头是机脚／我紧跟父母在后／父亲说我从小就随他吃"百家饭"。

父亲从事职业裁缝五十年／他从手工到机制／见证了民间服装的演变发展／亲自经历了这些服装的全部制作过程／父亲就像

一枚绗针／行走乡间／缝紧了乡情／缝暖了家庭／缝美了生活。

（选自微信公众号罗老师讲语文《一针一线总关情》）

5. 对很多人来说／早晨／尤其是双休日之后的周一早晨／有一件必须去做的让人痛苦万分的事／把自己从床上拽起／这种早上起床难的事／相信大部分人都深有体会。

为什么起床这么艰难呢／恐怕不只是因为我们太懒吧／的确／起床的痛苦和我们生理节律的固定周期／也就是生物钟有着密切的关系。

地球上的绝大多数生物／从藻类／真菌直到我们人类这样的哺乳动物／体内的细胞活动都会在生物钟的指挥下跟地球的昼夜变化周期同步／生物钟／实际上是生物体内的一系列蛋白质形成的分子钟／简单原核生物蓝细菌的生物钟只靠3种蛋白质就能形成／而人类需要20种蛋白质相互配合才能形成／在人体内不同的生物钟时间里／这20种蛋白质的浓度呈现不同的变化／有些蛋白质早晨起的时候浓度高／而有些则是晚上睡觉的时候浓度高／有科学家提出／测一测身体内这几种蛋白质的浓度／就能知道生物钟走到了几点。

虽然我们身体里每个细胞中都有生物钟在滴答走动／但是就像全国的钟表都要和国家授时中心保持一致一样／整个身体的钟也要和大脑中的一块区域对准／这个小小的区域由两个由数千个神经元组成的团块构成／它内部的分子钟稳定运行／指挥着全身的生理节律／视交叉上核有时也会根据光照和黑暗／或是进食的时间调整生物钟的时刻。

当人早上起床的时候／身体要按照生物钟的指示完成一系

列艰巨的任务 / 当视交叉上核发现到了起床的时间 / 就会向一种专门负责叫醒身体的神经元发送信号 / 身体开始为新的一天做准备 / 先从肝脏释放出葡萄糖 / 提高血糖水平 / 然后身体中的激素 / 例如皮质醇和醛固酮也开始增加 / 神经元同时激活了自主神经系统 / 自主神经系统负责的是人体那些不靠意识支配的活动 / 例如你不用自己想着让心跳动 / 心也会自动输送血液 / 这就是自主神经在发挥作用 / 这时人肌肉紧张 / 血压升高 / 新陈代谢也加快 / 终于可以爬起床。

如果生物钟和我们的闹钟精确同步 / 那起床倒也没那么难 / 问题就是 / 生物钟的周期和地球自转的周期并不是精确相等的 / 研究表明 / 人体内生物钟的时间一天要比地球的一天长10到20分钟 / 所以每天早上生物钟都要比正确时间慢上一会儿 / 科学家做过这样一个实验 / 让志愿者在离开地面很深的地洞里生活一个月 / 没有太阳光线 / 没有时间信息 / 完全与外界社会隔离 / 结果发现 / 这些人将会每天都比前一天晚起床十几分钟 / 到一个月实验期结束时 / 那些志愿者都成睡仙了。

周一至周五 / 我们的生物钟虽然每天都慢一点 / 但每天也都会按照实际时间进行校准 / 这样只是早起了十几分钟倒也还能忍 / 而到了双休日就不一样了 / 要是你周六周日都睡到自然醒的话 / 到了周一 / 生物钟连续慢了3天没有校准 / 就已经比实际时间晚了最多有1个小时了 / 提早1小时起床 / 不用说也知道如同遭受酷刑 / 所以 / 要是不想让周一早晨太难受 / 就不要在周六周日放纵自己 / 也按照平时的时间起床就好了。

（选自微信公众号大科技《起床为什么那么难》）

第十八章 拖音法与带白法

一、拖音法与带白法的原理

拖音法就是将句子中的每一个音节的音长加长,即比正常而缓慢的语速还要慢。在实践中,拖音法是最常用的训练方法,也是难度最大的,应当与手指法、写诵法等方法联合使用。

带白法就是选取一些比较悠扬的歌曲给患者,在患者熟悉旋律之后,随着乐曲的旋律夹带几句朗诵,然后跟着唱几句,停唱后又朗诵几句,以此反复。这可以让患者的情绪状态和发音都随着音乐的控制而暂时呈正常状态,可以使患者体会正确的发音方式并增强患者的康复信心。在各阶段的康复中,带白法需要使用不同长度类型的乐曲进行辅助。

二、拖音法与带白法的训练方法

【拖音法】

把所说的内容当中的每一个音节的音长拉长即可,如:快——乐——的——孩——子。

【带白法】

选取悠扬的歌曲给患者唱,患者熟悉歌曲之后,随着乐曲伴奏夹带朗诵几句歌词,再唱几句,停唱后再朗诵几句,以此反复。取得一定成效之后,提升难度,选取歌曲熟悉其旋律之后,再朗诵其歌词一遍,朗诵的速度一般与歌曲旋律相同或比之稍慢。

三、拖音法练习

自由地飞翔（1Z-2473）　欢快地玩耍（1H-716）

黄色的盒子（1H-727）　红色的灯笼（1H-678）

厚厚的书本（1H-688）　极力地赞扬（1J-771）

搞怪的小丑（1G-545）　灼热的太阳（2Z-990）

厚厚的积雪（1H-688）　飘香的火锅（1P-1376）

纸巾（1Z-2398）　电脑（1D-360）　耳机（1E-430）

篮球（1L-1023）　书包（1S-1661）　小狗（1X-2004）

小熊（1X-2004）　衬衫（1C-211）　洗澡（1X-1944）

玩耍（1W-1856）

游戏：找朋友

训练方法：将训练材料做成卡片。儿童们围成长方形，一个小朋友拿着卡片站在外围，卡片放在哪个小朋友身后，哪个小朋友就站起来，拿着身后的卡片寻找放字卡的小朋友。找到之后两人共同读出卡片中的训练材料。朗读时注意拖音法的细节。儿童仅有一人时，可寻求多个成人帮助。

训练促进点：本训练将传统"丢手绢"的游戏形式融入言语流利度训练中，使儿童在身体运动中进行言语康复训练，提升训练活动的趣味性，促进激发儿童进行康复和流利度提升的主动性和自信心。

训练材料：

自由地飞翔（1Z-2473）　欢快地玩耍（1H-716）

黄色的盒子（1H-727）　红色的灯笼（1H-678）

厚厚的书本（1H-688）　极力地赞扬（1J-771）

搞怪的小丑（1G-545）　灼热的太阳（2Z-990）

第十八章　拖音法与带白法

厚厚的积雪（1H-688）　飘香的火锅（1P-1376）

四、带白法练习

1. 太阳当空照，花儿对我笑，小鸟说早早早，你为什么背上小书包？我去上学校，天天不迟到，爱学习，爱劳动，长大要为人民立功劳。

【歌词摘自《上学歌》】

2. 我有一只小毛驴我从来也不骑，有一天我心血来潮骑着去赶集，我手里拿着小皮鞭我心里正得意，不知怎么哗啦啦啦我摔了一身泥。

【歌词摘自《我有一只小毛驴》】

3. 小燕子，穿花衣，年年春天来这里，我问燕子你为啥来？燕子说："这里的春天最美丽！"小燕子，告诉你，今年这里更美丽，我们盖起了大工厂，装上了新机器，欢迎你，长期住在这里。

【歌词摘自《小燕子》】

4. 两只老虎，两只老虎，跑得快，跑得快，一只没有耳朵，一只没有尾巴，真奇怪，真奇怪。

【歌词摘自《两只老虎》】

5. 小邋遢，真呀真邋遢，邋遢大王就是他，人人叫他小邋遢。小邋遢真呀真邋遢，邋遢大王就是他，没人喜欢他。忽然有一天，小邋遢变了，邋遢大王他不邋遢，大家喜欢他。忽然有

131

一天，小邋遢变了，邋遢大王他不邋遢，我们大家都喜欢他。

【歌词摘自《小邋遢》】

6. 五星红旗迎风飘扬，胜利歌声多么嘹亮，歌唱我们亲爱的祖国，从今走向繁荣富强，歌唱我们亲爱的祖国，从今走向繁荣富强。越过高山，越过平原，跨过奔腾的黄河长江；宽广美丽的土地，是我们亲爱的家乡，英雄的人民站起来了！我们团结友爱坚强如钢。

【歌词摘自《歌唱祖国》】

7. 小螺号滴滴滴吹，海鸥听了展翅飞，小螺号嘀嘀嘀吹，浪花听了笑微微，小螺号嘀嘀嘀吹，声声唤船归喽，小螺号嘀嘀嘀吹，阿爸听了快快回喽，茫茫的海滩，蓝蓝的海水，吹起了螺号。

【歌词摘自《小螺号》】

8. 让我们荡起双桨，小船儿推开波浪，海面倒映着美丽的白塔，四周环绕着绿树红墙，小船儿轻轻漂荡在水中，迎面吹来了凉爽的风。

【歌词摘自《让我们荡起双桨》】

9. 采蘑菇的小姑娘，背着一个大竹筐，清晨光着小脚丫，走遍森林和山冈，她采的蘑菇最多，多得像那星星数不清，她采的蘑菇最大，大得像那小伞装满筐，噻箩箩哩噻箩箩哩噻，噻箩箩箩，噻箩箩箩哩噻，谁不知这山里的蘑菇香，她却不肯尝一尝。

【歌词摘自《采蘑菇的小姑娘》】

10. 两只老虎爱跳舞，小兔子乖乖拔萝卜，我和小鸭子学走路，童年是最美的礼物。小螺号呀嘀嘀嘀地吹，我学海鸥展翅飞，不怕风雨不怕累，快快把本领都学会。

11. 宝贝，星星为你指路，哦？宝贝，月亮为你祝福，哦！成长是快乐的旅途，勇敢迈开你的脚步。宝贝，妈妈怀里安睡，妈妈。宝贝，爸爸是你椅背，爸爸。你是我们的心肝宝贝，爸爸妈妈的爱永相随。

【歌词摘自《宝贝宝贝》】

游戏：歌曲串编

训练方法：将训练材料做成卡片。成人启发儿童开动脑筋，唱一首训练材料中的歌曲。唱完后，成人带领儿童朗读所唱歌曲的歌词。读完后，选择新的歌曲歌词进行演唱、朗读。

训练促进点：唱歌的游戏形式有助于儿童更深刻地记忆和理解训练材料内容；朗读与哼唱相结合的方式有助于提升儿童的言语流利度。

训练材料：

1. 太阳当空照，花儿对我笑，小鸟说早早早，你为什么背上小书包？我去上学校，天天不迟到，爱学习，爱劳动，长大要为人民立功劳。

2. 我有一只小毛驴我从来也不骑，有一天我心血来潮骑着去赶集，我手里拿着小皮鞭我心里正得意，不知怎么哗啦啦啦我摔了一身泥。

3. 小燕子，穿花衣，年年春天来这里，我问燕子你为啥来？燕子说："这里的春天最美丽！"小燕子，告诉你，今年这里更美丽，我们盖起了大工厂，装上了新机器，欢迎你，长期住在这里。

五、综合巩固

1. 拖音法练习

竹筒（1Z-2432） 球鞋（1Q-1478） 刷子（1S-1682）
汽车（1Q-1425） 口罩（1K-983） 啤酒（1J-918）
雨伞（1Y-2238） 高楼（1G-544） 汉堡（1H-642）
阶梯（1J-858）

绿色的盆栽（1L-1149） 笔直的尺子（1B-88）
害怕得大叫（1H-635） 实用的扫帚（1S-1626）
快速地奔跑（1K-994） 尖尖的铅笔（1J-809）
开心地上学（1K-953） 可爱的松鼠（1K-971）
专业的学者（1Z-2449） 空旷的操场（1K-979）

2. 带白法练习

1. 我在马路边，捡到一分钱，把它交给警察叔叔手里边，叔叔拿着钱，对我把头点，我高兴地说了声："叔叔，再见！"

【歌词摘自《一分钱》】

2. 我是一个粉刷匠，粉刷本领强，我要把那新房子，刷得更漂亮，刷完屋顶又刷墙，刷子飞舞忙，哎呀我的小鼻子，变呀变了样。

【歌词摘自《粉刷匠》】

3. 找呀找呀找朋友，找到一个好朋友，敬个礼呀，握握手，笑嘻嘻呀，点点头，你是我的好朋友。

【歌词摘自《找朋友》】

4. 雪绒花，雪绒花，清晨迎接我开放，小而白，洁而亮，向我快乐地摇晃，白雪般的花儿愿你芬芳，永远开花生长，雪绒花，雪绒花，永远祝福我家乡。

【歌词摘自《雪绒花》】

5. 我爱北京天安门，天安门上太阳升，伟大领袖毛主席，指引我们向前进，我爱北京天安门，天安门上太阳升，伟大领袖毛主席，指引我们向前进，我爱北京天安门，天安门上太阳升，伟大领袖毛主席，指引我们向前进。

【歌词摘自《我爱北京天安门》】

6. 小燕子，穿花衣，年年春天来这里，我问燕子你为啥来？燕子说："这里的春天最美丽！"小燕子，告诉你，今年这里更美丽，我们盖起了大工厂，装上了新机器，欢迎你，长期住在这里。

【歌词摘自《小燕子》】

7. 黑黑的天空低垂，亮亮的繁星相随，虫儿飞，虫儿飞，你在思念谁，天上的星星流泪，地上的玫瑰枯萎，冷风吹，冷风吹，只要有你陪，虫儿飞，花儿睡，一双又一对才美，不怕天黑，只怕心碎，不管累不累，也不管东南西北。

【歌词摘自《虫儿飞》】

8. 拔萝卜拔萝卜，嘿哟嘿哟拔萝卜，嘿哟嘿哟拔不动，老太婆快快来，快来帮我们拔萝卜，拔萝卜拔萝卜，嘿哟嘿哟拔萝卜，嘿哟嘿哟拔不动，小姑娘快快来，快来帮我们拔萝卜，拔萝卜拔萝卜，嘿哟嘿哟拔萝卜，嘿哟嘿哟拔不动。

【歌词摘自《拔萝卜》】

9. 我有一个美丽的愿望，长大以后能播种太阳，播种一颗一颗就够了，会结出许多的许多的太阳，一颗送给送给南极，一颗送给送给北冰洋，一颗挂在挂在冬天，一颗挂在晚上挂在晚上，啦啦啦种太阳，啦啦啦种太阳，啦啦啦啦啦啦啦，种太阳，到那个时候世界每个角落，都会变得都会变得温暖又明亮。

【歌词摘自《种太阳》】

10. 春天在哪里呀，春天在哪里，春天在那青翠的山林里，这里有红花呀，这里有绿草，还有那会唱歌的小黄鹂，嘀哩哩哩嘀哩哩嘀哩哩哩哩哩，嘀哩哩哩哩嘀哩哩嘀哩哩哩哩哩，春天在青翠的山林里，还有那会唱歌的小黄鹂，春天在哪里呀，春天在哪里，春天在那湖水的倒影里。

【歌词摘自《春天在哪里》】

第十九章　互助矫治法和情境矫治法

一、互助矫治法和情境矫治法的原理

互助矫治和情境矫治都是借由外因矫治口吃的方法，外因矫治更注重矫治过程中的人际口语交流实践，更能提高儿童的口语表达信心，使儿童在实际练习中积累口语表达的经验，因而更具有实效性。外因矫治中的互助矫治法是让儿童在有表达对象——听者的情况下练习口语表达，这为儿童提供了一对耳朵，为儿童的矫治练习增加了客观因素，有助于缓解儿童在人际口头交往中的紧张情绪。

情境矫治法是在患者运用互助矫治法取得一定效果的基础上采用的。与互助矫治法的单向交流不同，情境矫治法更注重一段时间内的双向交流。情境矫治法完全模拟现实生活中的人际交谈，因而更能使口吃患者在练习中树立信心，积累经验，养成好的发音习惯。

当然，两者的操作模式是大为不同的，互助矫治法的操作模式是儿童—听者，即听者可不说话；情境矫治法的操作模式是儿童—交流者，即交流者既听又说。

二、互助矫治法和情境矫治法的训练方法

1. 互助矫治

2. 创设情境法

3. 实际情境法

三、互助矫治法练习

1. 请说说你的兴趣爱好

例：我，是一个活泼的男孩，有时很爱看书，有时很活跃，下面就来听听我的故事吧。有一次，我们跑步测试，老师还没把"跑"这个字念完，我就已经冲了出去。老师说完，同学们才开始跑。所以，我的跑步成绩是八秒五，比其他人都快。

我很爱看书。有一次，我正在专心地看书。可是爸爸一再叫我做作业。我放书的时候，还在看。爸爸生气了，夺了书，给我放了回去。这时，我才无可奈何地去做作业。

（引自 https://wenku.baidu.com/view/d4eb0dffcd2f0066f5335a8102d276a201296041.html?_wkts_=1692262222804&bdQuery=%）

2. 请介绍一下你的家人

例：我有一个幸福美满的家庭。我的家一共有五口人，分别是姥姥、爸爸、妈妈、我和弟弟。

让我来介绍一下他们吧。我的姥姥有双大大的眼睛，唠叨是她的特点，唠叨起来最起码五分钟以上。"快吃，快吃""记得喝水"。不过要是一整天听不到姥姥的唠叨声，还真有点不习惯呢。从不注意形象的爸爸在家主要负责做饭，是我们家的后勤部长。妈妈是我们家的老大，她很容易发脾气，如果她十分生气的话，那你就会看到威力无比的"火山喷发"了。记得有一次，我粗心做错了题，妈妈就板着脸说："你！读题了没？"吓得我浑身发抖。但妈妈也不会总是严厉，只要表现好就会让我随心所欲地玩。有时妈妈也很幽默，总指着自己胖胖的肚子说："这是我的游泳圈。"实在是太搞笑了。家里待遇最好的就数我了，就像一位公主一样。我还有一个小兵，那就是我可爱调皮的弟弟，他的脸白白的、胖胖的，自从上了幼儿园就不停地说话。

这就是我的家庭，一个幸福的家。

（引自 https://wenku.baidu.com/view/e9688bf2a22d7375a417866fb84ae45c3a3

5c25c.html?_wkts_=1692262167127&bdQuery=）

3. 你最喜欢的小动物是什么？

例：我最喜欢的小动物是小猫，因为小猫很可爱，所以我很喜欢它。它身上的毛又细又长，毛茸茸的，摸起来很暖和。它的耳朵短短的，眼睛黄黄的。我还见过很多种颜色的猫，如黄色、白色、黑色、咖啡色等。小猫最喜爱吃的是鱼和老鼠。

我喜欢和小猫玩，它最爱用自己尖尖的爪子来抓我的裤子，我和它一起在屋子里跑着玩，它还喜欢用嘴巴咬自己的尾巴，可是总是咬不住，哈哈，可好玩啦。

（引自 https://easylearn.baidu.com/edu-page/tiangong/composition?id=aececdfecdcae1720649584270395100&fr=search）

4. 你最喜欢吃的东西是什么？

例：我最喜爱的食物是土豆，怎样吃都吃不够。

土豆还有一个名字叫马铃薯。它是椭圆形的，大的比鹅蛋大，小的比鸡蛋小，穿着一身土黄色的外衣，它的皮上有一个个凹下去的小坑坑，如果放久了这些小坑坑就会长出小嫩芽。吃的时候，它身上穿的土黄色的衣服要脱干净，尤其是长出的嫩芽，一定要把它彻底消灭干净，要不然吃下去会中毒、生病、住院。土豆不是生长在土豆苗上，而是和花生、红薯一样生长在地下，把土豆苗拔掉就能挖出土豆了。土豆的名字就是这样来的。

土豆的吃法有很多，可以做成酸辣土豆丝儿，吃起来酸酸的、脆脆的、香喷喷的、火辣辣的，十分爽口。除了做酸辣土豆丝儿，还可以把土豆切成方块和牛肉一起炖，这是一道非常有名的菜，吃起来软软的、香喷喷的。

（引自 https://easylearn.baidu.com/edu-page/tiangong/composition?id=aececdfecdcae1726739961148786551&fr=search）

5. 请介绍一下你最喜欢的动画片

例：我最喜欢看《熊出没》了。

我喜欢里面的光头强。他每天伐木，被熊大熊二追赶，但他不是真的故意伐木，他是出于被李老板天天催货的无奈。他心地善良。有一次，他刚发了工资，买了几个白馒头，一只小黑狗一直跟着他，他就掰了一块馒头给小黑狗吃。光头强看小黑狗很听话，就又掰了一块馒头给小黑狗吃。正当他俩边走边玩的时候，小狗掉入了火锅店老板布置的陷阱中，被网住带走了。小黑狗汪汪汪直叫。光头强看了不忍心，馒头都吃不下去了，就进了火锅店，想把小狗救出来，他想了很多办法，但最终还是被发现了。最后，光头强拿他三个月的工资把小狗救了出来。

我也很喜欢里面的熊大、熊二。他们哥俩团结互助，保护森林。他们很爱护小树。有一次，他们种的小树被光头强砍了，他们很伤心。他们本来以为小树能够茁壮成长，没想到被光头强砍了。到了种小树的地方，小树只剩下了树根，他们伤心地哭了。熊二说："我好想你啊，现在我们只能为你浇水，你却不能长大了。"看了好让人感动啊！

这就是我最喜欢的一部动画片。

（引自 https://wenku.baidu.com/view/6cf03006bfd126fff705cc17552707221
92e59f5.html?_wkts_=1692262093574&bdQuery=%）

6. 学校里最近有什么变化？

例：我们上下课的铃声变了。以前尖锐刺耳的"铃铃铃"声，现在变成了美妙动听的音乐声。同学们听着悦耳的音乐，心情也变得更舒畅了。

我们学校的操场上还新建了一个乐园，里面有各种各样的游乐设施，如滑梯、秋千、翘翘板……多了一个嬉戏玩乐的场所，同学们的课间生活更加丰富多彩了。

变化最大的就是学校的操场了，操场原来是泥土地，跑步的时候，尘土飞扬，裤子、鞋子上全是灰。现在我们学校的操场上全都覆盖着小草。踩在上面，软软的，舒服极了。远远望去，就像铺了一块绿色的地毯，十分赏心悦目。

我们的校园变了,变得更加美好了。同学们在全新的校园里学习,也变得更加勤奋了。

(引自 https://www.unjs.com/zuowen/riji/20230206120311_6384657.html)

7. 最近看了什么电影？

例：今天,我和妈妈吃完午饭后,我约了好朋友去看《里约大冒险》这部电影。我们都觉得这部电影的名字很奇怪,而且是英文版的,本来不想去看,但妈妈还是买了票,我们进去看得津津有味,因为里面的故事情节扣人心弦,真是太好看了！

电影一开始,就有很多色彩斑斓的小鸟在一个非常美丽的热带丛林中翩翩起舞,突然,坏人冲进了丛林,一只小鸟从树上掉了下来,故事就从这里发生。电影的情节非常有趣,有时让人哈哈大笑,有时让人期待不已,有时又让人紧张万分。

我觉得这部电影拍得可真好,它告诉我们应该爱护大自然,要和动物和睦相处。看完了中文字幕的电影,我也觉得上学真好,让我认识了很多汉字,以后我要更加认真学习。

(引自 https://easylearn.baidu.com/edu-page/tiangong/composition?id=aececdfecdcae1748251405941167659&fr=search)

8. 你在家做过什么家务？

例：星期天中午,我们一家人开开心心吃完饭,我就主动要求洗碗。妈妈听了,非常高兴,反复叮嘱我要当心,不要把手弄破了。我高高兴兴地答应了。我先把碗、盘子和筷子都搬到厨房的水池边,然后学着妈妈的样子,挽起袖子,系好围裙,在水面上滴了几滴洗洁精,接着用抹布里里外外擦拭起来。不一会儿,盘子上、碗上就出现了很多白泡沫,就这样我把碗盘洗了一遍。最后打开水龙头,用流水冲刷洗过的碗筷,直到白白净净为止。

妈妈看到了,直夸我是一个能干的孩子。

（引自 https://www.fwsir.com/fanwen/html/fanwen_20230327172837_2603814.html）

9. 你做过什么让自己后悔的事？

例：记得我5岁的时候，家里养了一只非常可爱的小黑狗，它对我非常好，每天都陪着我玩，但是我做了一件对不起它的事。

那天早上，爸爸上班去了，看见爸爸走了，我直呼万岁，心想，我长大要当篮球高手，我必须马上练啊，于是，我把篮球拿了出来，没想到，投出的球一下子把花盆打碎了，我害怕地想：完了，花盆碎了，爸爸要是知道的话我就只有挨打的份了，怎么办呢？忽然，我看见了我们家的小黑狗，于是我想出了一个非常好的办法……

不一会儿爸爸回来了，看见地上的碎片，生气地说："是谁干的？"我吞吞吐吐地说："是小黑狗干的。"爸爸的棍子，一下子打到了小黑狗的腿上，小黑狗疼得乱叫着，飞快地跑到了沙发底下，舔着爸爸打的伤口，我不敢看小狗伤心的眼神，怕它责备我，说我不是个好孩子！

到了晚上吃饭的时候，我走到爸爸面前，伤心地说："爸爸，今天中午的事情是我干的，不是小黑狗干的，爸爸，对不起。"爸爸语重心长地说："你能够主动承认错误说明你是一个好孩子，记住以后不能再说谎了。"

每当我想起这件事就会非常后悔。

（引自 https://easylearn.baidu.com/edu-page/tiangong/composition?id=aececdfecdcae1726763186023726318&fr=search）

10. 国庆节你做了什么？

例：我和爸爸妈妈一吃完饭，就上了步行街。一路上，步行街人山人海的。要不是爸爸提醒我，我早就认不出步行街了。到处是郁郁葱葱的大树，飘扬着五星红旗。没想到才几天时间没来，步行街就有这么大变化。真所谓刘姥姥进大观园，这一去，真是让我大开眼界。咦，那儿怎么围着那么多人啊！过去看看。哇！原来是打鼓队为了庆祝国庆，给我们助威。

只见那些老奶奶精神抖擞,有节奏地打着鼓。这也是步行街的一个热点,国庆节太热闹啦!

(引自 https://www.ruiwen.com/zuowen/xushi/1345722.html)

游戏名称: 小小演讲家

训练方法: 准备带有不同话题的卡片,并在卡片背面标上不同序号。游戏以根据画面信息进行主题演讲的方式进行。游戏开始前,成人与儿童共同熟悉卡片内容,后将卡片倒扣,鼓励儿童选择不同序号卡片,根据卡片话题进行内容演讲。成人应认真倾听儿童语言表达,适时提供补充帮助,并在结束后给予掌声奖励。

训练促进点: 使用儿童感兴趣的话题可以有效激发儿童的沟通欲望,成人的陪伴为儿童的矫治练习提供了客观帮助与表达对象,有助于缓解儿童在人际口头交往中的紧张情绪,鼓励儿童自然沟通。

训练材料:

1. 请说说你的兴趣爱好。
2. 请介绍一下你的家人。
3. 你最喜欢的小动物是什么?
4. 你最喜欢吃的东西是什么?
5. 请介绍一下你最喜欢的动画片。
6. 学校里最近有什么变化?
7. 最近看了什么电影?
8. 你在家做过什么家务?
9. 你做过什么让自己后悔的事?
10. 国庆节你做了什么?

四、情景矫治法练习

1. A：如果你有100元，你想怎么用呢？

B：如果我有100元，我想买棒棒糖和冰淇淋，当我吃到这些零食，我会感到很满足，你呢？

A：如果我有100元，我要买个变形金刚玩具，剩下给妈妈买菜。

B：我还要买漂亮的本子和笔，在好看的本子上我一定认真写字。

2. A：你在哪里上学，你喜欢你的学校吗？

B：我的学校是金鸭小学，一进校门就看见了整洁的食堂、崭新的教学楼、宽阔的教室。我们的校园里到处都飞扬着欢乐的气氛。校园里有乒乓球台和篮球场。一下课，男生都一窝蜂地跑向篮球场和乒乓球台，女孩子则在操场上兴奋地玩着游戏。

A：这么棒！我的学校——荣成市幸福街小学，也有一个美丽的校园。校园的塑胶跑道又大又好。在操场上，同学们可以尽情地玩耍嬉戏，尽情地跑步。操场旁边的墙壁上，画着许多生动美丽的图画，把墙壁装饰得十分漂亮。

B：我们的教室十分宽敞明亮。教室里增加了计算机白板，让老师更快地把知识教给学生。教室里不仅增加了计算机白板，还增加了柜子。柜子就是供学生装书包和书本的地方。每个人都有一个柜子，还有一把小小的钥匙。

A：能在环境这么好的学校里学习真好啊！

（改编自 https://www.yuwenmi.com/zuowen/sannianji/2560859.htmlhttps://www.oh100.com/a/202307/7047088.html）

3. A：你学校里有植物园吗？

B：我的学校里有植物园，一进校园，往右走，就来到一个拱形的小木门前，上面写着"植物园"三个字。一进去，首先映入眼帘的是几棵葵树，葵树的茎和叶柄上有刺，叶子的形状像张开的扇子。前面就是一个小桥，桥的前面有一座假山，山的样子就像陡峭的阶梯。植物园里还种着各种各样的花草，继续往前走，路上还有许多苍翠挺拔的竹子。

A：哇，听起来好棒！我们学校没有植物园，但是有一个小喷泉，从南门进入校园，首先看见的是一个喷泉。春天，喷泉里喷出小水花，让我们在那里欢快地玩耍；夏天，喷泉水流变急，正好给我们凉快一下；秋天不喷了，我们失望地想：什么时候才到春天啊；冬天，喷泉里结冰了，门卫爷爷怕我们滑倒，所以不让我们溜冰。

（改编自 https://easylearn.baidu.com/edu-page/tiangong/composition?id=aececdfecdcae1720068203521931239&fr=searchhttps://www.unjs.com/zuowenku/98330.html）

4. A：你最好的朋友是谁？

B：我有一个乐于助人的好朋友，她叫李如。有一次上美术课时，我忘了带墨水，我向李佳兴借水彩笔，可是他说："老师不让借，我也不想借给你。"这时李如听见了说："用我的吧！"我连忙说："谢谢你，下次你没带我借给你。"她说："好呀，你是我的好朋友，同学之间相互帮助本来就是应该的嘛！"多亏了她，我那节美术课才有笔用。

A：李如真是善良的同学，我也有一个乐于助人的朋友，她还是我学习的好榜样。有一次，我在写数学试卷，当我做到最后一题时，我却不会了，当我急得焦头烂额时，我就拿着试卷去问她，她便耐心地给我讲，不厌其烦地讲了很多遍我才听懂。

B：你的朋友真有耐心！

（改编自 https://easylearn.baidu.com/edu-page/tiangong/composition?id=aececdfecdcae1720127796902852599&fr=search）

5. A：如果可以拥有一种超能力，你想要哪种？

B：如果让我有种超能力的话，我想把我的眼泪变成珍珠或者变成金子。这样的话，如果我的爸爸妈妈欺负我，或者是让我受伤，在我哭的时候就可以把我的眼泪变成金子。这样的话，我的爸爸妈妈就可以不用辛苦工作了，他们就可以躺在家里颐养天年，然后我们把这些金子都存在银行里，我们也可以去帮助那些需要帮助的人。

A：哇塞，这个超能力好厉害！如果我有一项超能力的话，那么我肯定想要钢铁侠那种能力，因为能飞天遁地真的是非常厉害。如果有坏人的话，那么我就会去惩罚坏人，因为我本身就是非常想当英雄的，这就是我想要的超能力，真有意思。

B：如果我有超能力，我还想把世界变成世外桃源，变成魔法学校，这样就可以想要什么就有什么了。魔法学校的功课很简单，假如这节上国语课，需要写字，只要使用魔法，让笔帮我写字，这样就能减轻我的负担。

A：这么一说，如果我有超能力，我想拥有过目不忘的能力，这样就不用怕考试考不好了，也不用每天背诵古诗课文。

B：如果我们真的能有这些超能力就好了。

（改编自 https://www.ruiwen.com/zuowen/300zi/1352567.html）

6. 找超市姐姐询问买东西的地方

A：姐姐好，妈妈让我帮她买做菜用的蚝油，我找了半天没看见在哪，请问蚝油在哪个地方啊？

B：你往前走一个货架，然后左转，就能看到调料区啦，蚝油就在调料区里。

A：好的，谢谢姐姐，我妈妈还让我买一包红豆，那个在哪里呀？

B：在调料区的右边有称重的红豆，成包的红豆离得远一点。

A：那我就买称重的红豆好了，谢谢姐姐！

7. 主动找门卫叔叔聊天

A：叔叔下午好，您每天都什么时候上班呀？

B：白天的班是早上八点到下午六点，有时候要值夜班，要守一晚上呢。

A：要守一晚上好辛苦啊，那要是困了怎么办呢？

B：要值夜班的白天就要睡好觉，晚上就不可以睡了。

A：原来是这样啊，那如果不属于学校的人想要进学校，直接在这里登记完就可以进去了吗？

B：不可以哦，除了登记，还需要和校内老师打电话确认的，这样才能保证学生的安全。

A：知道啦，叔叔辛苦了，叔叔再见！

8. 和朋友聊家里昨天做的饭

A：小明，你昨天的晚饭吃了什么呀？

B：我妈妈做的土豆炖排骨、青椒肉丝，还给我做了紫菜鸡蛋汤，都是我喜欢吃的！

A：听起来好美味啊，我昨天也吃到了喜欢的东西。妈妈给我做了炸鸡腿，脆脆的面衣和有弹性的鸡肉结合在一起，可真是人间美味啊！但是妈妈还做了我讨厌的茼蒿菜，我觉得它有种怪怪的味道。

B：对，我也觉得茼蒿菜很难吃。

A：是吧，但是妈妈说不可以挑食，挑食的孩子长不高，我又被迫吃了好几口。

9. 找朋友聊自己学自行车的经历

A：小明，你知道吗，上个星期六，我学会了骑自行车，学会之后特别激动。

B：哇塞，好厉害，你怎么突然想起来学骑自行车了。

A：同学在我面前说他学会骑自行车了，并嘲笑我不会骑，于是我也开始学骑自行车了。

B：这样啊，那你是怎么学会的？

A：刚开始，我先双手把龙头握紧，然后坐在了坐垫上，接着把右脚放在了踏板上，紧接着左脚往后一蹬，轮子就开始转动起来了，然后来回地踩，由于我没把龙头握好，竟摔了一个狗啃泥，四脚朝天躺在地上。然后，我找到了一个有栏杆的地方。我先用一只手扶着栏杆，然后另一只手握住龙头，接着坐在坐垫上，然后把右脚放在踏板上，紧接着用左脚往后一蹬，轮子转了起来，接着我迅速来回踩着踏板，直视前方，一连几次失败后，我终于学会了骑自行车。

B：太厉害了，看来无论做什么事情都要不断尝试，毕竟"失败乃成功之母"。

（改编自 http://www.qihang.net/zuowenke/xiaoxuezuowen/5759.html）

10. 和老师聊自己在家做的家务

A：老师，昨天您布置了作业，让我们回家做一些力所能及的家务，我回家就开始做了。

B：真棒，你做了什么家务呀？

A：我拖了地，吃完饭后，我看妈妈正准备拖地，我就说："妈妈，你今天别拖了，我来帮你拖吧！"然后妈妈就高兴地把拖把递给了我，我的双手握着拖把柄，身子弯着，使劲地拖。拖了一会儿，我看见拖把脏了，就把它洗了洗，拧干再拖。我发现角落里有一个小黑点，怎么拖都拖不掉，就拿了一把小刀，轻轻一刮，终于把它刮掉了。过了一会儿，我终于把地拖完了，累得满头大汗！可我还是坚持把桶刷干净了。我终于明白了，爸爸妈妈平时原来是这么劳累，这么辛苦！

B：你真棒，你真是个爱劳动的好孩子！

（改编自 https://www.unjs.com/zuowen/riji/20230224153245_6520268.html）

游戏名称：我是小演员

训练方法：准备带有不同话题的卡片，游戏通过"追问—回答"推进。活动开始前引导儿童抽取卡片，成人根据卡片内容进行"说了什么""做了什么""接下来怎么了""然后呢"等引导性提问，并给予儿童关键词提示。

训练促进点：游戏通过创设情境法进行双向交流，模拟现实生活中的自然交谈，以交流沟通的方式帮助口吃患者在练习中树立信心，积累经验，养成好的发音习惯；生活中的交流形式也可以有效缓解儿童训练的抵触情绪。

训练材料：

1. 找超市姐姐询问买东西的地方
2. 主动找门卫叔叔聊天
3. 和朋友聊家里昨天做的饭
4. 找朋友聊自己学自行车的经历
5. 和老师聊自己在家做的家务

五、综合巩固

（一）互助矫治法

1. 你长大后想做什么职业？

例：每个人心中都有一个小小的梦想，我的梦想是当一名科学家。因为，当科学家可以研究很多东西，而且还能发明很多预防自然灾害的东西。

我长大了，要发明一种交通工具，这种交通工具，可以在陆地上行驶，也可以在空中飞行，而且，还能在水面上行驶，这样就防止了交通堵塞，减少了交通事故。

我还要发明一种床，如果地震来了，床就自动报警，这样人们就可以安全地离开。

我还想发明一种神奇的房子。这个房子很便宜，人人都住得起。如果地震了，房子就会自己飞上天空。如果发洪水了，房子就会漂在水面，不怕雨淋水淹。

我知道实现这些梦想很困难，现在的我，还在求学阶段，我要努力认真学习，一点一滴地积累知识，争取将来当上一名科学家，实现我的梦想。

（引自 https://www.zuowenba.net/word/297448.html）

2. 你最喜欢的生日礼物是什么？

例：我最喜爱的生日礼物，就是10岁生日时，叔叔送给我的小猪存钱罐。

这个存钱罐的大部分颜色是白色，小猪耳朵大得像把扇子，尾巴卷卷的，一双黑色的眼睛目视前方，好像在盯着什么。它的腿又粗又短，很像一小段白色的柱子。它那稍微有一点儿上翘的鼻子上，有一个盖子，这就是钱出来的位置。在它那白花花的背上，有一条小缝，只要把钱放进这条小缝里，钱就进入它的"肚子"里了。在它的肚子下面挂着一个小包，小包里装着一把钥匙，只有这把钥匙才能打开猪鼻子上的盖子。

每当爸爸妈妈给我零用钱时，我就会把钱放进存钱罐里存起来，现在我的存钱罐变得沉甸甸的了，每当我把钱存进"小猪"的肚里时，它仿佛笑得更甜了，也仿佛在夸我做得对。

我喜欢这个生日礼物——小猪存钱罐，因为是它帮助我改掉了乱花钱的习惯，也培养了我节约的好习惯。

（引自 https://www.oh100.com/liyi/5393455.html）

3. 你最喜欢过什么节日？

例：我最喜欢过节，劳动节、国庆节，还有所有的传统节日，都是让我快乐的好日子，但最让我喜欢的还是六一儿童节。你们知道我为什么这么喜欢六一儿童节吗？我呢，是一个很贪玩的小姑娘，我白天上课想着玩、下课疯着玩、上学路上走着玩、放学回家我边写作业边玩，晚上睡觉做梦也仍然是在玩。上课时我用思想神游童话世界，下课时我争分夺秒地把握玩的时间，放学做功课时，一支笔、一个橡皮擦都可以是我的百变玩具……用妈妈的话说，我就是一个名副其实的"大玩家"。

我喜欢六一儿童节，是因为每年只有六一这一天是真正属于孩子的。那一天，幼儿园、学校会为孩子们举行隆重的节日庆典，无论成绩好坏、无论表现优劣，所有的孩子，当然也包括我，都会收获到老师和长辈的祝福，还有自己心仪的礼物。这对于平时成绩不怎么好，表现也不怎么出色的我来说，简直就是天大的恩赐，我可以卸下所有的心理压力和负担，摆脱所有的质问和责备，抬起头来享受一切关心，只做快乐的自己。

（引自 https://easylearn.baidu.com/edu-page/tiangong/composition?id=aececdfecdcae1720378565947665573&fr=search）

4. 你最喜欢的颜色是什么？

例：我最喜欢的颜色是蓝色，我喜欢蓝色是因为我家的衣服大多数都是蓝色的。记得在我小的时候，姥姥要送我去幼儿园。可是我不想去幼儿园，便大哭了起来，姥姥看见我在哭心里难受极了。我其实不想让姥姥难受的，可我想在家里跟姥姥玩，不想去幼儿园，可是为了姥姥开心，我不得不去幼儿园。于是，我走到姥姥面前说："姥姥，我想去幼儿园了。"姥姥一听我说的这句话，马上说："好，好，我的孙女就是乖！"我上幼儿园的日子渐渐到了，这一天我起得很早。起床后，姥姥从衣柜里拿出一条淡蓝色的裙子，对我说："可心，来穿上这条裙子上学去吧！"我说："好呀！"说完后，我就换上这条裙子跟姥姥来到了学校上学。上了学之后，我认识了很多朋友。

日子就这样一天天地过去了，回想起来那时候真的太幸福了。我喜欢上蓝色就是因为姥姥，让我成为蓝色的粉丝也是因为姥姥。因为我一看见蓝色就能回想起我小时候的幸福。

（引自 https://www.unjs.com/zuowendaquan/sanbaizizuowendaquan/5656195.html）

5. 这周你觉得最好笑的事是什么？

例：今天，我们全校同学一起做广播操，突然，两条狗出现在操场的跑道上。白色的狗在前面跑，只见它头一伸，两腿一蹬，就像百米冲刺。黄色的狗也毫不示弱在后面拼命地追，跑呀，追呀……

很快，黄色的狗追了上来，两只狗缠绕在一起，打了起来，打着打着，两只狗一起掉进了池塘里，惹得我们全校同学哈哈大笑，有的前俯后仰，有的捂着肚子。此时，两只狗还是抱在一起打，最后，它们跳出池塘，甩甩头，抖抖身上的水，继续进行比赛。

真没想到，狗会给我们带来这么大的乐趣！

（引自 https://easylearn.baidu.com/edu-page/tiangong/composition?id=aececdfecdcae17109807802632047O5&fr=search）

6. 你最喜欢的老师是哪个？

例：从幼儿园到现在有很多老师教过我，在她们中我最喜欢吕老师了。

我们的吕老师，她弯弯的眉毛下有一双明亮的眼睛。老师的眼睛不仅漂亮，而且跟平常人的眼睛不一样，老师的眼睛是一双"神眼"，如果我们上课做小动作或字写得不好，老师的眼睛就会向我们投来。她还有一双灵巧的手，能做出许多栩栩如生的东西。

她还特别善良，记得有一次我生病了，在课上吐了一地脏东西，吕老师知道后马上到教室来帮我打扫干净了，还嘱咐我要多喝热水。当时，我感动极了！觉得心里好温暖！

（引自 https://www.haoword.com/gerenwendang/zuowen/2012341.htm）

7. 你这周的体育课做了什么？

例：星期四，我班上了一节意义非凡的体育课，这节课的内容是学习篮球操。

我们先到篮球场上排好队，然后老师带领我们慢跑到指定点就喊口号。老师先让我们玩头上胯下运球接力游戏，游戏规则是：第一个同学把篮球从头上传给下一个同学，第二个同学从胯下传给下一个同学，以此类推，传到最后一个同学时，一个转身，把篮球传回第一个同学。接着老师就教我们做高运球的动作，老师说完，让我们自由练习，我们就以小组为单位围成一圈练习。

刚开始大家都没有掌握好技巧，一拍球就滚走了。我想：这运球可真难啊！经过一段时间的练习，大家逐渐掌握了运球的方法，兴趣也越来越高。忽然老师吹响了口哨。原来是下课的时间差不多到了，老师要我们做放松运动，大家都依依不舍地向老师围过去。这节课就在同学们的兴高采烈中不知不觉结束了。

（引自 https://www.t262.com/zuowen/zhouji/1890211.html）

8. 你最近读了什么书？

例：我最近读了《雷锋的故事》，雷锋小时候受了很多苦，是共产党救了他，让他有了饭吃，有了书读。雷锋非常感谢共产党救了他。因为他从小就没有了父母，所以他就一直把共产党当成自己的父母。雷锋长大以后当了兵，尽管他非常忙，但是他只要一有时间，就会看书、学习。雷锋每天都会写一篇日记，他在日记里写道："人的生命是有限的，为人民服务是无限的。"雷锋特别爱做好事，有一句话说得好："雷锋出差一千里，好事做了一火车。"可是不幸的事却发生了：在一次意外事故中雷锋牺牲了。他再也听不到他亲爱的战友们焦急的呼喊声了。雷锋那年才22岁。雷锋的故事迅速传遍了全中国，毛主席还为他题了词：向雷锋同志学习。

当我读完这本书后，我觉得人要有一颗感恩的心。要感谢父母的辛勤养育之恩；要感谢老师对我们无私的教育；要感谢大自然给我们这美好的一切……我们还要去帮助那些需要帮助的人。我还懂得了在学习中不要害怕困难，要善于思考，解决难题。

雷锋叔叔虽然已经离我们而去，可是他为人民服务的这种精神一直激励着我们一代又一代的人们。

（引 自 https://easylearn.baidu.com/edu--page/tiangong/composition?locSign=-8803752333740169023）

9. 你周末去哪里玩了?

例：这周，我们一家人到东湖公园游玩。公园很美，有绿油油的草地、各种各样的树木、五颜六色的鲜花、波光粼粼的湖水、弯弯的小桥，还有动物园、游乐园……许多小朋友也和爸爸妈妈一起来玩，可热闹了！

我们先到动物园参观。在门口，我们看到了两匹马，一匹是白色的，另一匹是黄色的。妈妈说："你要骑马吗？"我心里想骑可又害怕，所以摇了摇头。爸爸说："体验一下吧，我来保护你。"我点了点头说："好！"看马的阿姨说："马很乖，我保护你就行了。"我骑上了马，开始有点怕，后来就不怕了，还觉得挺好玩的。骑了一圈，我就下马了。

骑完了马，我们就走进动物园。动物园里的动物可真多呀！有凶猛的老虎、温顺的骆驼、高大的长颈鹿，还有奇怪的鸵鸟、美丽的孔雀、爱唱歌的鹦鹉……其中最可爱的要数机灵的猴子，我拿花生给它们吃，它们像人一样把花生剥开，然后吃里面的花生米，真聪明！

和动物们告别后，我们又到游乐园玩。我们玩走迷宫、开火车、飞人、蹦床等许多游戏。我最喜欢蹦床，跳起来像飞一样。

最后，我和爸爸妈妈还合作画了一幅画，才高高兴兴地回家。

（引自 https://wenku.baidu.com/view/58b0fd1513661ed9ad51f01dc281e53a58025190.html?_wkts_=1692381628644&bdQuery=%）

10. 昨天在学校午饭吃了什么？

例：今天是在学校吃午餐的第一天，大家的心情非常激动，像"叽叽喳喳"的麻雀，有的同学说："今天会吃什么呢？"有的同学说："什么菜都要吃，这样有利于健康嘛！"桌面上摆满了五花八门的毛巾，一切准备妥当就等着开吃了。

老师让值日生下去端饭箱，只见一位男值日生紧紧抱住饭箱把它抱了上来，终于盼到开吃的时候了。我把纸轻轻地撕开，只见青菜懒洋洋地躺在那里晒太阳，牛肉浸泡在香喷喷的"温泉"里，豆腐在美美地睡觉，白米饭一粒挨着一粒。我张开嘴巴吃了一口，"哇，真好吃！"让人回味无穷。我后面那位同学狼吞虎咽地吃起来，嘴巴里还没吃完又把一勺饭塞进嘴里，好像饿了许多天似的。不到五分钟，他就把饭吃了个精光，边嚼边说："老师，我还要。"他那滑稽的样子引得全班哄堂大笑。

（引自 https://www.xianxue.com/wenxue/riji/1324980.html）

（二）情境矫治法

1. A：如果有一架飞机可以带我们去所有地方，你想去哪里？

B：假如我有一架神奇的飞机，我想去北京天安门广场上看看壮观的升旗仪式。我还想去遥远的新疆，听说新疆的葡萄和哈密瓜很甜，羊肉串也很好吃。

A：如果我有一架神奇的飞机，我也想去北京。北京有一座雄伟的天安门，广场上的升旗仪式非常壮观，我还要看看解放军叔叔。还有故宫、颐和园，还有八达岭长城。

B：假如我有一架神奇的飞机，我还想去海南岛看大海。那里的天空有洁白的云朵。公园里有高高的大树，公园的前面还有一座座高楼大厦。美丽极了！特别是冬天去，那就不会冷啦！

A：如果我有一架飞机，我还想去杭州，因为那里有美丽的西湖，有着许仙和白娘子的故事，那儿有断桥，十分美丽。

（改编自 https://www.zww.net/yinianji/article_135699.html）

2. A：如果明天午餐可以选任何食物，你最想吃什么？

B：我想吃很多很多薯片，薯片是我的最爱，尤其是番茄味的。每次，妈妈给我买薯片的时候，我都会不由自主地先拿上一小片薯片尝一尝。薯片脆脆的，咬上一口，"咔嚓"一声，犹如动听的音乐，好听极了！悄悄告诉你，我还有一个吃薯片的秘诀呢！先把薯片塞到嘴里，再把粘在薯片上的渣吃掉，最后把整个薯片吃掉，这样，你就能全方位品尝到薯片的美味了！但是妈妈怕我薯片吃多了会上火，每次都不让我多吃。所以如果能让我选，我最想吃薯片！

A：如果可以自己选的话，我还是更想吃草莓。我还记得第一次吃草莓的故事呢，妈妈买了一些草莓准备给我和弟弟吃，我上学去了，等到我回家的时候一看。哎呀！怎么一个草莓也没有啦，原来全被我弟弟吃光光了。我又吵着让妈妈买了一大盘回来，我和弟弟大口大口地吃了起来，不一会儿又被我们吃光了，结果，那天我弟弟拉肚子啦。这让我明白了一个道理，就是草莓好吃可不能多吃。

（改编自 https://easylearn.baidu.com/edu-page/tiangong/composition?id=aececdfecdcae1726720890715440633&fr=search）

3. A：如果可以变成一种小动物，你想变成什么？

B：我想变成一只可爱的小狗。

A：为什么呀，我想变成一只花蝴蝶。整天漂漂亮亮地在花丛中飞舞，那是一件多么棒的事呀！

B：因为狗是人类最忠诚的朋友，它会对主人十分忠诚。当一只宠物狗真的很好，每天都能吃到香喷喷的肉肠，打扮得漂漂亮亮的，还可以洗舒舒服服的热水澡，然后开开心心地玩耍，尽情地撒撒娇，晚饭后和主人出去散散步遛遛弯……我们家的狗每天就是这样生活的，而我每次央求妈妈带我出去溜达溜达时，妈妈却给我留好多的卷子来做，临走时她还说，等她带笨笨散步回来我必须写完！那时我就想，如果我是笨笨该多好啊！真想和它交换一下。

A：那我想变成一只熊猫，黑白相间，有着可爱的黑眼圈，还是中国的国宝。每天除了吃就是睡，还受到很多人的喜爱。

B：我还想要变成一匹骏马，去参加一年一度的马拉松比赛，到时候准能大获全胜！我还要拿着奖杯让我的妈妈给我拍一张照片，并发到朋友圈里，好好地炫耀炫耀，让他们瞧瞧我飞奔小马的厉害！这是多么好玩，多么有趣啊！

（改编自 https://www.xfanwen.cn/art/60a0d31261b73.html；https://easylearn.baidu.com/edu-page/tiangong/composition?id=3d9841efb44e263e4789217979a008e7&fr=search）

4. A：你最喜欢的运动是什么？为什么呢？

B：我最喜欢的运动是游泳，我开始不怎么喜欢，之后游着游着就不知不觉地迷上了它。因为老师的鼓励、同学的帮助、我自己的努力，让我慢慢地喜欢上了它。现在我已经是游泳高手了。

A：好厉害啊！我对跑步情有独钟，每次跑步时，总能让我放松心情；同时，达到增加抵抗力的目的、实现身体更加强健的功效。跑步时要注意的事项有：不能跑太快，否则会摔倒；吃饭后，不能跑，否则会消化不良；也不能在走廊上奔跑，只能在操场或空地跑；此外还要瞻前顾后，小心不要撞到别人。你是怎么学会游泳的呢？

B：这项运动，要先学憋气，再学打腿，最后再学换气，而且还要不断地练习。除了游泳，我还喜欢骑自行车，总之，在繁忙的生活中，运动是不可或缺的。运动能让你精神舒畅、心情愉快，还能使身体变得更健康！

（改编自 https://www.cnfla.com/zuowen/2536112.html）

5. A：你喜欢做小孩还是做大人？做大人有什么好处？

B：我更喜欢做大人，当大人可以自由支配自己的钱，每当走进商店时，大人都可以买自己喜欢的物品，而我们小孩就不行了，要买只能买便宜的物品。当大人犯错误的时候，小孩无权批评；而小孩一犯错误，就要受到大人的批评，严重的还要挨打。所以还是当大人好。

A：我觉得做小孩更好，小孩不用担心家里的吃、穿、住、行，只要努力学习就可以；而大人每天要辛勤工作，也是很辛苦的。小孩有愿望大人大多可以帮助实现，例如去哪里玩、上哪儿吃饭、借口买什么东西等等；可大人遇上困难我们小孩就很难帮上忙。

B：我觉得做大人最好的地方就是不用上学和考试，我们小孩的生活就像"笼中之鸟"整天听大人的使唤，跑过来，跑过去。大人的心，早已被学习控制住了，我们的空余时间，已被补习班占领，语数综合班、课外英语补习班、奥数。

A：大人也是经历完上学和考试一步步长大的，等我们长大了，我们就自由了。

（改编自 https://easylearn.baidu.com/edu-page/tiangong/composition?id=aececdfecdcae17204717573116183298&fr=search；https://www.fwsir.com/fanwen/html/fanwen_20230426173135_2760509.html）

6. 放学回家主动找爸爸妈妈，和他们聊在学校吃的饭

A：爸爸妈妈，你们猜猜我今天在学校吃了什么？

B：你在学校吃了什么好吃的，是鸡腿吗？

A：猜对了，我中午在学校吃了整整一个大鸡腿，学校的鸡腿太好吃了，

除了鸡腿，还有别的，你们再猜猜。

　　B：难道是西红柿鸡蛋汤？

　　A：不是，是一道菜，你们再接着猜。

　　B：那是萝卜炖排骨？

　　A：也不是，告诉你们吧，是土豆丝！学校的土豆丝又细又脆，太好吃了！

　　B：你想吃的话，以后妈妈在家也给你做。

　　A：太好了，谢谢妈妈！

7. 找食堂阿姨聊菜园

　　A：阿姨，我们每天吃的菜都是从哪里来的呀？

　　B：都是食堂工作人员每天早上去市场买的新鲜的菜，这样才能让学生吃得放心。

　　A：我姥姥家也种菜，姥姥在她家门前的空地上种了很多蔬菜，有黄瓜、豆角、空心菜、茄子、辣椒，各种各样的，到了秋天，姥姥还会种上白菜和萝卜，留着冬天吃，我经常能吃到姥姥种的新鲜的蔬菜。

　　B：哇，这么棒，还是自己家种的菜最新鲜好吃，你真幸福！

　　A：姥姥还在门前种了一棵石榴树，现在已经长出石榴了，再过一段时间，石榴变红了就可以吃了，姥姥种的石榴一个个又大又红！

　　B：这么厉害，又大又红的石榴一定很好吃。

8. 找奶奶学做家务

　　A：奶奶，今天你教我洗碗，好吗？

　　B：好啊！你先把碗筷放进洗菜池。

　　A：放好了，接下来该做什么呢？

　　B：打开水龙头放点水，压一点洗洁精，不用太多，不要浪费了。

　　A：我知道了，接下来就用洗碗巾开始洗就行了吧，我洗出好多泡泡呀。

　　B：一会儿用干净的水冲一冲就好了。

　　A：我洗干净啦！洗碗好简单啊，我一会儿就学会了，以后我要多洗碗。

9. 找卖水果的阿姨买水果

A：阿姨，请问这苹果多少钱一斤啊？

B：四块钱一斤，你看这苹果又大又红，好吃得很！

A：这个苹果甜吗，不会没有味道吧？

B：不会不会，这个肯定甜。

A：那帮我装四个苹果吧。这个橘子怎么卖呀，我妈妈生病了，嘴巴里没有味道，想吃点酸酸甜甜的水果。

B：那你可就买对了，这橘子两块钱一斤，酸酸甜甜的，你妈妈肯定喜欢。

A：那再帮我称一斤橘子吧，谢谢阿姨！

10. 找自己的好朋友聊自己家的宠物

A：小明，你见过我家的小狗豆豆吗，它可可爱了！

B：我还没见过呢，你给我讲讲吧。

A：豆豆很活泼，他有一身棕褐色的毛，松松软软的，摸起来很舒服，他还有一双乌黑发亮的大眼睛，两只毛茸茸的耳朵，还很灵敏，一有声音，他就站起来随时准备迎接战斗。

B：听起来好可爱呀。

A：记得有一次，妈妈做了一锅香喷喷的排骨，香味溢满了整个房间。这时，馋嘴豆豆早就躁动不安了，摇着尾巴，四处闻着，寻找着屋里的每一个角落，最后，停在了厨房门口，不停地挠门。爸爸只好把它关在屋里。这时，我端着它的小碗走过来，爸爸打开门，守在门口的豆豆一下子蹿了出来，奋力地向我扑来。我顺势把碗举过了头顶，它扑了空。只见豆豆原地转了一圈，一对大眼睛凝神望着我，乖劲儿来了，它把双腿立起来，不停地给我作揖，一个劲儿地讨好我。看着它那可笑的样子，只好快点让它吃排骨了。豆豆津津有味地嚼着，发出一阵阵"咯嘣咯嘣"的声音，直到最后一块也吞掉了，才满意地用小舌头舔了舔嘴巴。

B：好聪明可爱的小狗啊，有机会我一定去你家看看它。

（改编自 https://www.ruiwen.com/zuowen/gou/1200980.html）

第二十章　矫治法的综合应用及示例

一、矫治法的原理

综合运用写诵法、手指法、变读法以及呼吸法逐步学习练习和巩固具体的发音方法和途径，通过控制发音速度和发音的声调和强度，逐渐克服口吃困难，掌握正确的发音规则。

二、矫治法的综合应用

1. 运用"写诵法""手指法""拖音法"控制发音速度，使每个音节间隔时间拉长，以保证有足够的时间完成口型转换。

2. 运用"变读法"控制发音的声调和强度，争取"轻柔"发音。

3. 运用"呼吸法"加以配合，开始阶段可以中途换气，逐步发展为中途不换气，但要控制好用气，勿在发前面音节时把气用完，后边的音节不能在呼吸时发出而只好在吸气时发出。

三、综合应用练习

写诵法、手指法、拖音法综合：患者在进行练习时，分别使用三种控制发音速度的矫治方法。手指法：每发一个音节就用大拇指指尖触碰其余四指指尖。写诵法：患者在发音的同时用笔写下自己要说的内容，若内容过多就写出其中的主要字词，说话使用时间和写话使用时间需要大致相等。拖音法：把所说的内容当中每一个音节的音长加长，拉长到比一般说话正常而缓慢的人的音长还稍长的程度，每个音节发音时间为2秒左右。

如：离(lí)开(kāi)你(nǐ)——在发音时，大拇指依次触碰小拇指、无名指与中指；患者一边发音一边在白纸上写下这三个字；每个音节发2秒，拉长此内容音节，用6秒时间对此进行发音。

家务活(jiā wù huó)
乘火车(chéng huǒ chē)
比高低(bǐ gāo dī)
开汽车(kāi qì chē)
抬胳膊(tái gē bo)
懂法律(dǒng fǎ lǜ)
吴老师(wú lǎo shī)
别发火(bié fā huǒ)
爱祖国(ài zǔ guó)

游戏：摆图形

训练方法：准备带有所学词组的卡片。活动开始前将卡片排成一排，引导儿童按照顺序将每一张卡片进行手指法练习，引导儿童每发一个音节就用大拇指指尖触碰其余四指指尖。然后打乱卡片顺序，将卡片排成长方形，引导儿童通过写诵法读出词语。接下来将卡片排成正方形，引导儿童通过拖音法读出词语。最后引导儿童将卡片摆成不同的图形，使用手指法、写诵法、拖音法中的任意方法进行所有卡片的阅读，完全读出所有卡片后游戏结束。

训练促进点：运用写诵法、手指法、拖音法相结合控制发音速度，将每个音节间隔时间拉长，以保证有足够的时间完成口型转换；卡片组成图形的排列变换提高儿童练习兴趣。

训练材料：

离(lí)开(kāi)你(nǐ)、家务活(jiā wù huó)、乘火车(chéng huǒ chē)、比高低(bǐ gāo dī)、开汽车(kāi qì chē)、抬胳膊(tái gē bo)、懂(dǒng)

流利说话我最棒——言语流利度训练

fǎ lǜ wú lǎo shī bié fā huǒ ài zǔ guó
法律、吴老师、别发火、爱祖国。

1. 变读法：遇到患者感到难发的音时，在此处进行间隔停顿比正常音节发音的间隔停顿更长一些。

如：牢记住——若"牢"难发音，就拉长"牢"的发音时长，以此类推，视患者情况而论。

yǒu bàn fǎ
有办法
bù tǎn shuài
不坦率
bú ài lái
不爱来
jiǎng zhēn huà
讲真话
cháng yòng cí
常用词
zǒu hǎo yùn
走好运
bié shēng qì
别生气
zhuǎn yí zǒu
转移走
bié wò dǎo
别卧倒

游戏：你说我做

训练方法：将所学卡片放置于儿童和成人中间，引导儿童进行击掌童谣游戏。成人一边与儿童进行击掌动作一边进行童谣练习："你拍一我拍一，我们一起做游戏，那你说来我来做。"成人与儿童每拍一次手后，儿童需抽取一张卡片并读出词语。如果发音正确，则成人需做出与词语对应的动作。完成后双方继续拍手，游戏继续。

训练促进点：运用变读法，拉长困难读音的时间，从而控制发音的声调和强度，争取"轻柔"发音；帮助儿童正确发音；击掌童谣的游戏形式有助于增强交流的韵律感以更好地控制发声间隔。

训练材料：

牢记住、有办法、不坦率、不爱来、讲真话、常用词、走好运、别生气、转移走、别卧倒。

2．呼吸法：发音时可以进行中途换气，逐步发展为中途不换气，控制好自己的用气，切勿将气在前面的发音就用完，否则后面的音节发音就只能在吸气时发出了。

如：他来了——发音时在发完"来"后，进行换气，再发"了"，多次练习后，发音不再换气。

白大夫

高水平

要罚款

有来源

学文化

来比赛

上节课

记分册

演播室

游戏：小小潜水员

训练方法：将所学卡片制作成海洋生物的形状并随意摆放在地上。游戏开始，儿童扮演潜水员，需要憋气装作潜入水中的样子，找到一张卡片并读出卡片上的词语，如果儿童在一次换气前成功找到并读完词语，便视为捕鱼成功，可以拿走卡片。如果没有成功，则由成人假装海浪将卡片卷到另一个地方。

训练促进点：运用呼吸法，通过呼气控制发音速度与发音强度，引导儿童逐渐克服口吃障碍，掌握正确的发音规则。

训练材料：

他来了、白大夫、高水平、要罚款、有来源、学文化、来比赛、上节课、记分册、演播室。

四、综合巩固：分别运用上述方法，根据自身情况进行发音练习

上房顶

太为难

交朋友

去发信

买皮袄

黄皮肤

不答应

要虚心

几万年

去反映

受打击

差一点

总摇头

寄稿件

受伤害

第二十章　矫治法的综合应用及示例

fā yóu xiāng
发邮箱

zǒng yáo shǒu
总摇手

huān lè tiào
欢乐跳

hēi pí fū
黑皮肤

bái pí fū
白皮肤

yào kāi xīn
要开心

tài gāo xìng
太高兴

hǎo péng you
好朋友

qù shàng bào
去上报

yǔ wén kè
语文课

xué shù xué
学数学

huáng dài fu
黄大夫

dǎ bǐ yù
打比喻

xiāng wéi fǎn
相违反

yǒu zī yuán
有资源

chéng diàn chē
乘电车

lí kāi tā
离开她

gāo tái tuǐ
高抬腿

xué wén míng
学文明

dī shuǐ píng
低水平

láo láo bèi
牢牢背

shuō zhēn xiàng
说真相

dào lù páng
道路旁

huā míng cè
花名册

dà fēi jī
大飞机

qù shí táng
去食堂

kàn bǐ sài
看比赛

cā bō li
擦玻璃

xià jié kè
下节课

hěn kuài lè
很快乐

tī zú qiú
踢足球

wán yóu xì
玩游戏

jǔ qiān qiú
举铅球

jiǎng zhēn huà
讲真话

后　记

这本书受到了下列项目资助，是下列项目的结项成果之一："智能儿童语言障碍矫正治疗机器人产业化开发"（吉林省科技发展计划项目，项目批准号：20210401170YY）、"学习障碍儿童多模态智能诊疗系统研发与应用创新团队"（吉林省科技发展计划项目，项目批准号：20240601003RC）、"学习障碍儿童矫治康复机器人"（吉林大学第一医院成果转化基金资助项目，项目批准号：JDYYZH-2023008）。

本书亦受到语芯伴健康管理（长春）有限责任公司和东北师范大学语言健康与智慧应用研究中心的资助。

本书从立意到出版，历时三年有余，能够完成这一研究，得到了多方面的指导和帮助，这其中包括临床医生、小学一线语文教师、东北师范大学语言健康与智慧研究中心的部分成员和《光明日报》出版社的编辑老师们。因为有了他们的无私帮助和辛勤付出，本书才得以顺利出版。

吉林大学第一医院发育行为儿科主任贾飞勇先生对本书进行了医学指导并对全书内容进行了审定；董涵宇、张尊伟和潘秀雨医生为本书的矫治方法给出了宝贵的建议。

东北师范大学附属小学教学团队：卜庆刚、孙勍、袁丽敏、江玉、孙千卉、王艳斌、高珊、孙笛老师，为本书的矫治方案设计提出了专业建议。

长春教育学院的闫峰老师参与了本书的整体矫治方案架构设计。

湖南省怀化市启音康复教育服务中心的鲁天珍老师为本书提出了特殊教育专业的宝贵意见。

东北师范大学语言健康与智慧应用研究中心的儿童言语流利度提升小组成员，对本书矫治材料进行了校对和编排，对书中匹配的游戏进行了精心设计，充分发挥了成员师范专业的特长，如今他们有的未完成学业，有的在更高的学府继续深造，有的已经正式工作，继续为教育事业奉献自己的力量，他们是：

组长：罗丹丹（成都市新都区桂林小学校）、马双；

副组长：王烁、韩馨瑶；

组员：韩文龙、李琰琦、李婕、李品墨（长春外国语学校）、孟未雯、石晶、张安迪、张岩、张铭康、袁青骋、张月、庞佳鑫（长春市第八十七中学小学部）、葛晓妍（广州市黄埔区教育局研究院实验小学）、孟德玲（大同市第一中学校）、郑龙吉（北华大学）、孙国婧（理想众望教育科技有限公司天津分公司）、阿怀全（呼和浩特市国星中学）、张博雅。

韩雪峰、胡雪婵

2024年5月于吉林长春